Marketing de contenidos

Estrategias para atraer clientes a tu empresa

Eva Sanagustín

ISBN: 978-84-09-18432-3

Índice

Introducción a la nueva edición

En 2013, publiqué el primer libro en España sobre marketing de contenidos bajo el sello de la editorial Anaya Multimedia. Ahora estás leyendo una nueva edición, es decir, una revisión del texto original para ponerlo al día y que siga manteniendo su vigencia.

Reconozco que, desde entonces, otros libros han seguido el camino de la divulgación para promover el buen uso de los contenidos en entornos corporativos. Yo misma he publicado unos cuantos que resultan complementarios porque amplían temas concretos: "Estrategia de contenidos", "Plan de contenidos", "Pilares del contenido" y "Cultura del contenido" (puedes encontrar información sobre ellos en mi web). Pero sigue haciendo falta un libro que explique de manera directa y muy sencilla cómo crear tanto una estrategia de marketing de contenidos como las piezas necesarias para su implementación. Por eso he reeditado "Marketing de contenidos", para dejar la información básica e imprescindible sobre ese tema y que así no desaparezca entre otros enfoques posibles del uso corporativo de los contenidos.

Hay muchos que utilizan el marketing de contenidos en sus estrategias considerándolo así una táctica más para conseguir sus objetivos, por ejemplo: el marketing en buscadores genera contenido que sea enlazable, el inbound marketing lo utiliza para madurar los leads y el marketing en medios sociales crea contenidos para mantener a la comunidad comprometida con la marca. En cuanto a la comunicación, el marketing de contenidos es una vía más para transmitir los valores que representa la marca y así construir su imagen. De hecho, toda la empresa utiliza contenidos, aunque no todo el contenido es marketing de contenidos.

A estas alturas, considerando los años que se lleva hablando de content marketing, resulta curioso que algunos aún confundan su traducción "marketing de contenidos" con el contenido para marketing o hacer marketing con contenidos (las preposiciones cambian el significado). Siguiendo la definición del Content Marketing Institute: el marketing de contenidos consiste en crear y distribuir contenido relevante para una determinada audiencia con el objetivo de conseguir nuevos clientes o aumentar el volumen de negocio de los ya existentes. La clave está en que no es contenido promocional, sino orientado a conectar con los clientes potenciales y así atraerlos hacia la marca.

Estar cerca para cuando él quiera, ser un apoyo y no hacer presión es hacer marketing de contenidos. Es dar sin esperar nada a cambio porque así el usuario estará más dispuesto a escucharnos o comprarnos porque es él quien nos necesita y no porque queramos venderle algo cuando él está haciendo cualquiera otra tarea. Es encontrar lo que tenemos en común y demostrar que nos interesa mantener esa unión. Es inspirarle en su día a día, motivarle a que explore sus capacidades siguiendo nuestros consejos y trucos para ponérselo fácil.

El marketing de contenidos no es marketing, ni comunicación: es lo que ambos tienen en común. Por eso es tan especial y fácil de confundir, porque es una estrategia entre dos mundos. No es publicidad, aunque podría serlo. No son relaciones públicas, aunque podría aprovecharlas. No es copywriting, aunque puede utilizarlo. No es vender, es ayudar. No es gritar, es empatizar.

En definitiva, el marketing de contenidos es la pieza que creamos para crear una conexión con el usuario.

A quién va dirigido el libro

No te voy a engañar: si has leído la primera edición, no encontrarás nada nuevo en esta segunda porque se trata de una revisión para actualizar las tácticas que han ido cambiando en estos años y añadir pinceladas de las nuevas. No es una edición ampliada, más bien lo contrario porque he eliminado lo que ya se ha convertido en evidente incluso para los que están empezando en el marketing de contenidos (aunque no lo era en 2013). Si buscas nuevas ideas, te recomiendo "Pilares del contenido" por su componente práctico y, especialmente, "Cultura del contenido" para implementar una en tu empresa y que así todos los departamentos estén organizados a su alrededor.

Si es la primera vez que escuchas el título de este libro y lo poco que has leído hasta ahora tiene sentido para ti, no hay duda de que has de seguir leyendo. Seguramente lo harán las personas que habían oído hablar del marketing de contenidos y buscan una metodología práctica para ponerse en marcha. Serán los que intervienen de alguna manera en el ciclo de vida del contenido, como creadores o gestores de piezas tipo posts, infografías, vídeos, guías… También pueden ser los responsables de algún canal o incluso de todo lo que se publica si se trata del gerente de una pequeña empresa. Dependerá de cómo esté organizada, aunque lo más habitual es que sea alguien del departamento de marketing, quizá de comunicación.

Este libro sigue estando pensado para los que nunca se habían interesado por el marketing de contenidos y ahora quieren descubrirlo para no quedarse atrás. Seguramente sean los que no aportaban ningún valor al usuario porque solo hablan de sí mismos, pero se han dado cuenta de que así están perdiendo su atención. Para acercarse a ellos y recuperarla junto con su confianza, sirve el marketing de contenidos. Seas del departamento que seas, de cualquier sector, sin importar cuántos trabajadores tenga tu empresa: el marketing de contenidos puede ayudarte a volver a conectar con tus clientes.

Y, por último, espero que también haya estudiantes de marketing y comunicación leyendo este libro porque también es para ellos. Son los que pronto estarán en empresas o agencias dedicadas directa o indirectamente a la gestión de contenidos. Lo harán con más o menos vocación, pero enfrentándose a ello con el entusiasmo y optimismo propio de quien empieza. Este libro les facilitará los primeros días de su vida laboral porque conectará la teoría que hayan podido aprender en grados y postgrados, con la aplicación a la realidad de las empresas.

Sin importar tu formación académica o trayectoria profesional, este libro es para ti si quieres:

- Crear tu estrategia de marketing de contenidos

- Redactar contenidos para tu página web, blog, newsletter, medios sociales, infografías, vídeos, documentos…

- Editar tus contenidos para optimizarlos para el usuario, buscadores y medios sociales

- Utilizar contenidos ajenos para ahorrar tiempo

- Medir los resultados de tus contenidos

En general, este libro está dirigido a quienes creen en el poder de los contenidos y dedicado a quienes los respetan y disfrutan creándolos porque, entre todos, estamos creando un mercado en España. Había empresas que hacían estrategias de contenidos sin saberlo, periodistas que escribían sin percatarse del valor de sus textos y poco a poco se ha ido perfilando este mercado de los contenidos de gran futuro, aunque aún esté desarrollándose y necesite deshacerse de quienes no entienden que cada palabra cuenta, que no hay estrategia sin contenidos o que para conectar con una persona (cliente) hace falta otra que se ponga en su piel y le sepa atraer con sus mensajes y textos (estratega y redactor).

Qué puedes encontrar

Este libro gira en torno a dos grandes temas: la creación de una estrategia de marketing de contenidos y la redacción de las piezas necesarias para implementarla. Repasa de forma teórica y práctica todas las preguntas que se plantearía cualquiera que empieza con los contenidos. Mi objetivo es que aprendas a usarlos en beneficio de tu empresa con una metodología paso a paso.

En el primer capítulo empezarás remangándote para buscar dentro de tu empresa los contenidos que te puedan servir en tu primer día de trabajo como responsable de contenidos. Harás un inventario y una auditoría para después buscar documentación fuera de la empresa. Pero sin infoxicarte, seleccionando bien las fuentes ya que también te servirán para redactar textos en capítulos posteriores.

Trabajarás tu estrategia de marketing de contenidos en el segundo capítulo. Contestando a las preguntas que te plantearé, podrás preparar el documento que te servirá para implementar la estrategia por tu cuenta. Veremos los objetivos que pueden lograrse usando los contenidos adecuados a tu público, buscaremos los mensajes clave más relevantes y los mejores canales donde publicarlos.

En el tercer capítulo aprenderás cómo escribir para internet empezando por técnicas periodísticas, publicitarias e hipertextuales para continuar repasando los diferentes tipos de contenidos y formatos, desde tu página web hasta tu newsletter pasando por los medios sociales o infografías.

En el cuarto capítulo te convertirás en content curator y seguirás los pasos para filtrar contenido, seleccionarlo y publicarlo en canales específicos de curación o en canales propios que ya tengas.

En el quinto capítulo te pondrás al otro lado de la mesa y editarás los contenidos que haya redactado algún compañero o un profesional externo para dejarlos listos para publicar.

En el sexto capítulo descubrirás cómo aprovechar durante más tiempo los contenidos que ya están publicados, reciclándolos para reducir el tiempo de la creación.

En el séptimo capítulo conocerás las tareas relacionadas con la publicación de contenidos, incluyendo cómo sería un departamento de contenidos en cuanto a personal y recursos para poder implementar la estrategia de la forma más eficiente.

En el octavo capítulo te asomarás a otros departamentos como son el de buscadores, el de medios sociales o el de publicidad y RRPP para ver algunas formas de promocionar tus contenidos. Esta tarea no siempre es responsabilidad de quien diseña la estrategia o redacta los contenidos pero te será útil para comprender en qué contexto se verán tus publicaciones.

El noveno capítulo está dedicado a la traducción y localización de contenidos y contiene algunas recomendaciones sobre la mejor forma de tratarlos en empresas que publican en varios idiomas.

En el último capítulo, el décimo, podrás sacar la calculadora y ver si todo lo que has aprendido en este libro te resulta rentable o no. Encontrarás métricas para medir los resultados y trataremos de resolver la fórmula del ROI aplicada a los contenidos.

Además, al final hay un glosario con la terminología más utilizada alrededor de los contenidos.

> En la página del libro encontrarás más información para seguir aprendiendo sobre contenidos: puedes descargar gratuitamente varios ebooks en PDF y plantillas para seguir ampliando tus conocimientos. www.evasanagustin.com/marketingdecontenidos
> Te iré recordando en un recuadro como este los recursos relacionados de cada capítulo.

Caso de estudio

Para que el libro sea lo más práctico posible, he creado una empresa ficticia que, como tú, quiere crear una estrategia de marketing contenidos para atraer a clientes hacia su negocio. A lo largo del libro encontrarás sus avances.

Un par de cosas que debes saber de esta empresa para comprender sus decisiones:

- Nombre comercial: Solar System Cruises (SSC).

- Sector: turismo estelar.

- Producto: cruceros estelares por el Sistema Solar. Funciona igual que un crucero tradicional pero recorriendo planetas. Hay diferentes rutas prediseñadas para que el cliente elija en función de los planetas que quiere visitar o la duración del viaje. En cada viaje se organizan excursiones en cada parada, igual que si fuesen ciudades en la Tierra.

- Servicios: transporte de viajeros, guías y rutas turísticas en destino.

- Historia: una pareja que se conoció en un viaje a la Luna ha reunido el capital necesario para crear la primera empresa dedicada a cruceros estelares de su Sistema Solar. Quieren ofrecer a más gente la posibilidad de pasar unas vacaciones en otros planetas y encontrar allí la felicidad o simplemente saciar su curiosidad astronómica.

- Competencia: sigue habiendo empresas de cruceros en la Tierra y también está la que contrataron ellos para ir a la Luna que organiza regularmente viajes a otros planetas del Sistema Solar pero aún nadie realiza viajes entre planetas a modo de crucero.

Sobre esta empresa inventada iremos creando paso a paso su estrategia de marketing de contenidos. La intención no es conseguir un documento exhaustivo, sino recoger las ideas de forma esquemática para que te sirva de ejemplo y puedas empezar a trabajar en tu propio caso. Úsalo solo para inspirarte porque, en el fondo, es un ejercicio de ciencia ficción.

1. Recopilando contenidos

Antes de empezar la planificación, debes conocer bien los contenidos que rodean tu empresa. De esta manera podrás saber los recursos que se han dedicado y cómo estaban organizados hasta ahora.

Contenidos internos

El primer día de trabajo como responsable de contenidos de una empresa tu primera pregunta será, ¿por dónde empezar? Pues bien, lo primero es conocer de qué contenidos dispones de inmediato, sin invertir apenas tiempo, ni mucho esfuerzo para crearlos. La mejor forma de saberlo es haciendo un inventario, lo que generará una lista de todos los contenidos disponibles en la empresa.

Un inventario responderá a preguntas relevantes para comenzar a esbozar la estrategia de creación de contenidos: ¿Tienes todo lo que necesitas para contar tu historia? ¿Qué formatos tienen más peso? ¿Podrás reutilizar algo? ¿Todo el contenido es tuyo o hay algo de terceros que te interesa? Son preguntas fundamentales, pero hay diferentes respuestas:

- **Escenario 1**: si eres una empresa nueva, posiblemente no tendrás mucho contenido propio pero sí artículos de otras personas o empresas que hayas considerado relevantes por su información o punto de vista. Empieza la andadura en el marketing de contenidos recomendando el contenido de otros (sobre content curation hablaremos en otro capítulo) y, más adelante, crearás los tuyos propios.

- **Escenario 2**: si tu empresa lleva varios años en el mercado, tendrás muchos más contenidos disponibles. Fíjate en los formatos de más peso (artículos, fotos…) para definir cuáles son los canales adecuados para poder publicarlos. Empezarás reaprovechando mejor las piezas que tienes (sobre reciclaje de contenidos también hablaremos más adelante).

Hacer un inventario es una manera relativamente fácil de tener contenidos sin invertir demasiado pero, sobre todo, sirve para saber cuál es la materia prima disponible. Poniendo un poco de orden en todos tus contenidos, tendrás una idea real de lo que puedes utilizar o no dentro de tu estrategia.

Los motivos para hacer un inventario antes de empezar a hacer la estrategia de contenidos están relacionados con los prejuicios. ¿Por qué condicionar la búsqueda a lo que esperas encontrar en lugar de ampliarla a lo que no sabes que tienes?

En ese documento se reflejan todos los contenidos que puede usar una empresa para su estrategia de marketing de contenidos pero también veremos que los contenidos reflejan qué somos. Por ejemplo: si sabemos cuántas fotos tenemos, podremos valorar abrir una cuenta en Instagram; si tenemos muchos artículos sobre un tema concreto, descubriremos sobre qué pueden tratar nuestros contenidos.

Lo mismo ocurre a la hora de redactar un contenido, como veremos a continuación: puedes documentarte buscando datos que solo refuercen tu idea inicial o puedes abrirte a encontrar puntos de vista que lo enriquezcan y que sirvan para mejorarlo. Como decían en "CSI", las pruebas mandan y ellas guían tus conclusiones no al revés. En nuestro caso, el contenido manda (por algo es el Rey).

Por eso te sugiero hacer un inventario antes de hacer una estrategia de contenidos, antes incluso de hacer un árbol para una nueva web. Si se hace después, simplemente se rellenan los huecos que se tienen preconcebidos.

Cómo hacer un inventario de contenidos

Realizar un inventario es una tarea que lleva cierto tiempo porque va acompañado de un proceso de búsqueda por toda la empresa. Los contenidos pueden ser de diferentes tipos:

- Los digitalizados, ya sea porque están publicados en la web o porque fueron creados en ese formato; seguramente más fáciles de encontrar. Es posible que algunos de estos contenidos hayan ido a parar a copias de seguridad antiguas. Si vas a inventariar la web corporativa, puedes utilizar el árbol de contenidos o mapa de la web. Esto solucionará una parte de tu búsqueda pero es posible que haya contenido en páginas huérfanas (sin enlaces entrantes). Recuperar el historial de navegación es otra forma útil de recordar páginas externas relevantes.

- Los contenidos sin versión digital, es decir, aquellos que están guardados en cajones, archivadores o cajas en el almacén. Aquí es cuando vas a tener que sacar el polvo de toda la empresa, no dejes nada por revolver.

- Los que ni siquiera tienen soporte físico porque solo viven en la mente de las personas. Habla con aquellos que lleven más tiempo en la empresa y aprovecha su memoria para encontrar contenidos históricos que puedan serte útiles.

Una vez hayas localizado los contenidos, refleja el resultado en un documento. La opción más sencilla es una lista (tipo .docx) de enlaces con las referencias a los más importantes, aunque es mejor recurrir a una tabla (tipo.xlsx) un poco más detallada con columnas para formato, descripción y fecha del contenido. A partir de aquí, puedes concretar todo lo que quieras: tipo de contenido, persona responsable, autor, enlaces entrantes/salientes de una página concreta...

Según el volumen de contenidos que genere la empresa, el inventario puede ser de un mes, un año o medio. Empieza por los más cercanos y, cuando los hayas aprovechado bien, busca retrocediendo un poco más en el tiempo.

Una posible forma de inventariar el contenido offline y online aparece reflejada en la siguiente tabla, aunque lo mejor es personalizarla según tus intereses:

Formato	Título	Descripción	Palabras clave	Responsable	Fecha
URL					
Artículo					
Fotografía					
Ilustración					
Vídeos					
Audios					
Anuncios					
DOC					
XLS					
PDF					

Figura 1: Inventario cuantitativo. Fuente: la autora.

El tiempo necesario para hacer un inventario completo depende de dos factores: el tamaño de la empresa y el detalle que quieras alcanzar. Cuantos más años lleve abierta tu empresa, más empleados tenga y más exhaustiva sea tu investigación, más dedicación requerirá… pero también más fácil te será luego localizar los contenidos para poder usarlos.

Un inventario bien hecho te ayudará tanto a saber qué tienes como qué necesitas crear. Entonces estarás dando un paso más y haciendo una auditoría: usa la lista cuantitativa como punto de partida para convertirla en cualitativa al detectar lo importante, lo irrelevante y, por tanto, lo utilizable y lo desechable. Para hacer una auditoría, basta con repasar el inventario cuantitativo y preguntarse para cada contenido cuestiones como:

- ¿Es coherente con los valores de la marca?

- ¿Será relevante para el usuario?

- ¿Hay otro contenido similar que pueda complementar o actualizarlo?

- Si es muy antiguo, ¿todavía tiene valor o necesita muchos arreglos antes de poder publicarse otra vez?

Con estas respuestas eliminarás lo superfluo y empezarás a pensar en lo que podrás reciclar o crear de nuevo. Puedes añadir una columna extra a tu tabla para indicarlo. También apunta la fecha en la que realizas este ejercicio para saber cuándo se actualizó por última vez. Para que siga siendo un documento útil, conviene revisar el inventario cada cierto tiempo e ir actualizándolo, como mínimo, con los contenidos más relevantes para la empresa.

Hay diferentes tipos de auditorías según dónde se pone el foco. Por ejemplo, se puede hacer únicamente enfocada a SEO, fijándonos en las posiciones en Google y su analítica para ver las aportaciones al tráfico total de la web. Entonces, deberemos añadir otra columna adicional, por ejemplo, para indicar estos datos estadísticos y así tener en un mismo lugar la información relevante de cada pieza.

> Puedes descargar gratuitamente el ebook en PDF "Auditoría de contenidos: guía en 10 pasos" desde la página del libro.

Caso de estudio

SSC es una empresa nueva con una web muy básica que, de momento, únicamente explica a qué se dedica de una manera bastante textual por lo que su inventario online se limita a listar cuatro páginas web y poco más. Pero los socios tienen mucho material guardado de cuando viajaron a la Luna, tanto digital como recortes de revistas, y lo han clasificado en una tabla señalando qué podrán usar y qué no para no monopolizar los contenidos únicamente hablando de la Luna. Esto también les ha servido para empezar a ver qué pueden explicar de cada planeta, usando de base lo que ellos necesitaron para organizar su viaje lunar.

Además, siempre consultan las principales fuentes de astronomía y consejos de viaje así que han recuperado fotos, vídeos y artículos que tenían guardados en los favoritos/historial de sus navegadores para utilizarlos en sus propios canales y así recomendar lecturas relacionadas con otros planetas.

Documentación externa

Documentarse te ayudará a detectar los contenidos con los que tendrás que competir cuando generes el tuyo. De esta manera conocerás de qué se habla, quién lo hace, en qué términos, dónde se desarrollan esas conversaciones… Leer te acercará a otros usuarios, cómo hablan y escriben, y te ayudará a conectar con tu audiencia cuando te pongas a escribir.

La fase de documentación es imprescindible en el proceso de creación de contenidos y es por donde se debería empezar siempre dedicándole unos minutos, incluso horas. Sirve para:

- Establecer el contexto (social, económico, histórico…).

- Dar información reciente o de actualidad.

- Argumentar con datos de estudios externos.

- Consolidar un punto de vista.

- Encontrar ángulos que no se hubiesen detectado.

Aprender o contrastar pueden considerarse sinónimos de una documentación bien hecha. Consultar una fuente no es suficiente, hay que tratar de recopilar cuanta información sea posible para crear un contenido de mayor calidad. Y no es suficiente quedarse en el titular, hay que leer todo el artículo.

Cuando hay poco tiempo y debes elegir entre leer noticias o blogs y, por ejemplo, redactar un post, el orden debería ser primero documentarse y luego escribir. Así puedes informarte sobre lo que se ha dicho antes sobre el tema y usar otras opiniones y enlaces para complementar tu propio discurso y así mejorar el post. Para los lectores también es bueno, porque puedes descubrirles nuevas fuentes de información y pueden considerarlas interesantes. Aunque también puedes encontrar una parte negativa si descubres que alguien ya ha dicho lo que pensabas explicar y crees no tienes nada que aportar porque repetirías lo mismo o si te dejas influir por opiniones que antes no tenías y te olvidas de tu primera intención.

Aunque documentarse sea una tarea previa a la creación de un texto, conviene no perder de vista las fuentes consultadas, por si en el futuro resultan útiles para generar otros contenidos, o si es necesario actualizar los ya publicados. En otras palabras, el escritor y, sobre todo el content curator, siempre se está documentando y puede llegar sufrir una infoxicación (intoxicación por exceso de información), si hay mucho volumen de artículos publicados y poco tiempo para consultarlos.

Cómo documentarse sin infoxicarse

En una aplicación en el móvil para leer o escuchar un podcast de camino al trabajo. En la oficina, un par de pestañas con el correo personal y con Twitter si no está integrado en el navegador. A la hora de la comida, igual que en el desayuno, un vistazo a las imágenes de Instagram. En la cena, todos los canales anteriores se mezclan y además se suma la televisión. Cuando se trata de encontrar tiempo para informarse, puedes utilizar cualquier momento libre.

Para estar al día de la información de tu sector, tendrás que recurrir a todo tipo de medios, también a los tradicionales, como revistas o prensa especializada, y crear lo que llamaremos monitor de reputación. Puedes utilizarlo para recibir actualizaciones que mencionen tu nombre, el de tu empresa o incluso el de tu competencia. Para crear tu sistema de monitorización, puedes utilizar el canal que prefieras. Por ejemplo, recibir un correo electrónico con cada aviso una vez al día, a la semana o en el momento en el que se produzca la publicación o el envío si te suscribes a una newsletter.

Como dice Cristina Aced en su libro "Redes sociales en una semana" (ed. Gestión 2000, 2010), los RSS trabajan por nosotros: usándolos ahorrarás tiempo al poder consultar en un único lugar (un lector de feeds) toda la información que quieras, convenientemente etiquetada para agruparla por temas o prioridades. Y, lo más interesante para gestionar tu tiempo: solo el último contenido de las páginas que estás consultando.

Hay muchas herramientas para monitorizar la Red en busca de referencias a ciertas palabras clave, pero primero es necesario construir la lista de las que quieres seguir. Recuerda que se trata de las que buscarías para documentarte, no con las que quieres que te encuentren tus clientes (de ellas hablaremos en el capítulo dedicado a la optimización).

Estas son algunas de las preguntas que te ayudarán a encontrarlas:

- ¿Se puede resumir tu eslogan en un par de palabras clave?

- ¿Qué 5 palabras clave definen tu empresa y qué otras 5 a tu sector?

- ¿Cuál es tu campo semántico, es decir, las palabras con las que relacionas tu sector?

- ¿Son esas palabras relevantes en buscadores, tanto por posición en resultados como por volumen de búsqueda?

- ¿Tu empresa utiliza la misma nomenclatura que el usuario para referirse a tu producto o servicio?

- ¿Se puede ser más específico utilizando expresiones de dos o tres palabras en lugar de solo una?

- ¿Tienen estas palabras y expresiones, sinónimos o variantes en inglés u otros idiomas que debas considerar?

El resultado serán unas cuantas palabras clave relevantes que definen tu negocio y, por extensión, tu sector. Guárdalas un momento porque también tienes que localizar las fuentes de información en las que buscar esas palabras. Para identificar las que más te convienen, trata de responder a estas preguntas:

- ¿Qué medios generalistas y especializados tienen una sección dedicada al sector de tu empresa?

- ¿Qué webs de votación de noticias tratan los temas de tu empresa?

- ¿Qué blogs lo tratan como tema principal?

- ¿Qué profesionales del sector tienen presencia en medios sociales?

- ¿Qué otras empresas publican información sobre ellas mismas o sobre el sector?

De estas respuestas sacarás tu lista inicial de fuentes, localiza sus respectivos RSS y suscríbete añadiendo las direcciones a un lector de feeds como Feedly, síguelos en medios sociales o apúntate a sus newsletters si prefieres el correo electrónico.

Con esta forma de documentación sabrás cuándo publica alguien que ya tenías identificado como relevante. Pero también te interesa configurar un sistema de alertas que permita seguir la actualidad sin conocer la fuente que origina la noticia. Introduce las palabras clave que has identificado previamente en buscadores generalistas y utiliza las alertas de Google o de Talk Walker para saber cuándo se ha indexado un contenido sobre tu tema. Este es el sistema más sencillo, pero hay muchas herramientas que ayudan al content curator como veremos más adelante.

> Puedes descargar gratuitamente el ebook en PDF "Content curation en 10 pasos" desde la página del libro.

Dedica los primeros días o semanas a afinar las expresiones que más te interesan o los medios más relevantes para evitar duplicidades o avisos que te molestan en lugar de ayudarte. De esta forma, encontrarás menos artículos pero más valiosos y específicos, dejando de lado la infoxicación.

Caso de estudio

SSC configurará alertas por correo con expresiones como "vacaciones a la Luna", "crucero a Marte" y "viaje estelar" para detectar noticias relacionadas con el turismo así como los nombres de los planetas y genéricos como "sistema solar" y "vía láctea" para la parte más astronómica de los contenidos. También ha guardado esta expresión en las búsquedas de Twitter para tener acceso rápido mientras esté navegando en esta red social. Y ha empezado a monitorizar su propia reputación utilizando una alerta con el nombre completo de SSC para poder atender a menciones de usuarios.

También han ampliado sus fuentes, además de la Nasa y la Agencia Espacial Europea, a blogs de astronomía, instagrammers y tuiteros que tratan temas de viajes y astronomía para cubrir varios flancos. Por otro lado, a medida que las alertas les descubran nuevas fuentes interesantes que no conocían, las irán añadiendo a su Feedly que han configurado como la página de inicio de su navegador para estar siempre al día de las últimas noticias sobre su sector y empresa.

2. Planeando una estrategia de marketing de contenidos

Una estrategia de contenidos verbaliza y saca el máximo rendimiento a esa materia prima que tiene cada empresa en exclusiva: su personalidad. No hay plantillas que rellenar o que copiar: cada uno ha de hacer valer sus normas para que su marca se imponga en el mercado y en la mente del usuario. Como cada empresa es única, cada contenido que produce también debería serlo.

Los gurús Kristina Halvorson y Joe Pulizzi dan los siguientes motivos para justificar la importancia de crear una estrategia alrededor del marketing de contenidos:

- Explica tu historia y da vida a tu marca.

- Responde a las dudas de tus usuarios.

- Inspira, entretiene y motiva.

- Dirige la toma de decisiones.

- Gestiona las expectativas.

- Crea (o destruye) confianza.

En este capítulo del libro vamos a poner en marcha tu estrategia de marketing contenidos, utilizando los que ya has recopilado y en base las siguientes preguntas o pasos:

- ¿Qué quieres conseguir con los contenidos?

- ¿Para quién los crearás?

- ¿Sobre qué han de tratar?

- ¿Cómo han de ser?

- ¿Dónde los vas a publicar?

- ¿Cada cuánto tiempo publicarás contenidos?

¿Qué se puede conseguir con los contenidos?

La primera fase de cualquier plan empieza por preguntarse por los objetivos. Alguno tendrás en mente tras haber comprado este libro. Puede ser que tus ventas se hayan frenado y quieras aumentarlas, o que la empresa sea nueva y quieras darla a conocer; son solo dos ejemplos de los más habituales de los que me encuentro en clase y en los encargos de mis clientes. Sea cuál sea, necesitas establecer una meta porque de lo contrario irías sin rumbo o, peor aún, no conseguirías nada. Esta es una opción posiblemente válida y altruista, pero cualquier empresa o institución, grande o pequeña tiene un fin comercial y debe justificar los recursos que se invierten en los contenidos.

Si aún no sabes por dónde empezar, lo primero que debes hacer es responder a dos preguntas: dónde te encuentras (situación actual) y dónde quieres estar (escenario deseado).

Un análisis DAFO te ayudará a darte cuenta de la situación actual que vive tu empresa y de lo que la rodea: ¿cuáles son tus debilidades (D) y fortalezas (F) internas y cuáles son las amenazas (A) y oportunidades (O) que te brinda tu entorno? Otras preguntas más generales serían: ¿cómo es tu marca, tienes una voz en el mercado, qué reputación tienes?

Para responderlas, puedes fijarte en:

- **Competencia**:

  - ¿Qué contenidos publica el líder de referencia y las empresas más cercanas?

  - ¿Cuál es tu diferencia respecto a ellos?

- **Estrategias de marketing**:
  - ¿Qué acciones han funcionado y aún están en marcha? ¿Qué no salió como se esperaba?
  - ¿Qué puedes aprender de informes de marketing, SEO o de otras acciones realizadas?
  - ¿Qué habías planeado hacer en el futuro y por qué?

- **Clientes**:
  - ¿Hay testimoniales o comentarios recibidos en redes sociales o en la tienda?
  - ¿Cuáles son las preguntas habituales en el departamento comercial o de atención al cliente?
  - ¿Qué estadísticas conoces de tu web y de otros canales?

Siguiendo el modelo de servicio público, los objetivos de los contenidos pueden ser informar, educar y entretener. Se puede añadir inspirar, convencer, participar o el engagement de los usuarios. Estos objetivos son fácilmente identificables por las empresas si se traducen a metas comerciales como son:

- **Informar o atraer tráfico para la web**: para conseguir visibilidad de tus productos o servicios si se trata de una marca comercial o de la propia marca personal para conseguir trabajo, es fundamental que generes tráfico a la página web oficial.

- **Educar o persuadir a la compra**: una vez has atraído a esos usuarios a la web, has de convencerles, por ejemplo, de que con tu producto pueden hacer más cosas o ahorrarse de hacerlas y así ganar tiempo. Si te quedas en el simple "dar a conocer" del objetivo previo te olvidas el factor imprescindible de un negocio: hay que vender, aunque sea indirectamente como hace el marketing de contenidos, si quieres que la empresa sobreviva.

- **Entretener o retener a clientes**: este objetivo tiene un punto de vista doble ya que, por ejemplo, los contenidos divertidos pueden conseguirte visibilidad pero también son una opción de fidelización al transmitir tu personalidad y seducir a los usuarios para que se queden.

En SmartInsights ordenan los formatos de los contenidos relacionando la parte emocional con el entretenimiento, la racional con la persuasión y la inspiración con la educación:

- Las infografías, guías, análisis de tendencias y notas de prensa serían contenidos **educativos**.

- Los casos de éxito, las características del producto, webinars y demostraciones de producto serían **persuasivos**.

- Los virales, concursos, juegos y vídeos de marca (tipo branded content) serían **entretenimiento**.

- Las reviews, votos y foros serían **inspiradores**.

Hay una serie de contenidos que pueden utilizarse para diversos objetivos como artículos, ebooks o eventos ya que, en estos casos, es más importante el contenido que se incluye que el formato, canal o género en sí mismo. Si repasas tu inventario, podrás clasificar los contenidos que ya tienes según los objetivos que te pueden ayudar a lograr.

En cuanto a la situación deseada, hay una forma muy útil de verbalizar las metas que quieres conseguir en base al acrónimo en inglés SMART. Esto te ayudará a mejorar las primeras ideas que hayan venido a tu mente: ¿son tus objetivos concretos, medibles, alcanzables, realistas y tienen un plazo de tiempo determinado para conseguirlos?

Por ejemplo, dar a conocer un producto sería un objetivo poco SMART pero mejoraría si le añadieses algo más concreto como que viniese el doble de gente a tu tienda a preguntar por él o que las visitas a la web de esa sección aumentasen un 200%. Si además le añadieses una horquilla temporal como un mes o dos, ya tendrías un objetivo claro. Es una primera forma de empezar a pensar en las métricas, aunque trataremos de esto al final del libro. Repite el proceso hasta concretar todo lo posible los objetivos que quieras, más tarde los ordenaremos en el tiempo.

Para conseguir cualquier objetivo que hayas definido, es posible que necesites varias estrategias de marketing que respondan a la pregunta cómo conseguirlos. No olvides que hay varias opciones dentro de un plan de marketing y que solo una de ellas es el uso de los contenidos. Por otro lado, sean cuales sean las estrategias elegidas, tendrás que identificar y adentrarte con detalle en las tácticas, o lo que es lo mismo, en cuáles son las acciones concretas a llevar a cabo. Además, puedes tener varios objetivos, cada uno con una estrategia diferente y algunas estrategias pueden compartir tácticas.

En mi libro "Vender más con marketing digital" tienes más ideas para crear tu plan de marketing.

Caso de estudio

SSC solo lleva 3 meses constituida así que su situación actual es de ilusión por llenar su primer crucero. Saben que no tienen competencia directa pero pueden imaginar que pronto habrá otros que tengan la misma idea. Mientras, empresas de turismo tradicional les pueden quitar clientes porque aún no son conocidos, por tanto, no están valorados, ni considerados en la mente de sus posibles clientes. De momento solo venden online y su web tiene pocas visitas porque tampoco están bien posicionados en buscadores.

Para llenar su primer crucero, que saldrá dentro de 8 meses, SSC necesita darse a conocer entre sus clientes potenciales para que les tengan en consideración a la hora de planificar sus viajes de vacaciones. Ése es su objetivo principal en la estrategia de marketing: posicionarse como una opción de viaje diferente y alternativa.

SSC sabe que con los contenidos podrá conseguir visibilidad, quiere incluirlos en su estrategia, aunque aún es pronto para decidir qué tácticas empleará o si será la única que implementará. Lo iremos viendo.

Cómo conseguir diferentes objetivos

Es posible que tu lista de objetivos tenga varios puntos, pero quizá algunos sean parte de un proceso (primero has de aumentar las visitas a la web si quieres vender más a nuevos clientes). Trata de ordenarlos y establecer fases añadiendo una tercera pregunta a las que acabamos de ver: ¿en cuánto tiempo quieres llegar a la situación deseada? La respuesta te ayudará a separar las etapas necesarias para conseguir tus objetivos y así no correr porque, hablando de contenidos, no hay tele-transportación posible.

La constancia es tan importante como la calidad de los contenidos, no son un coche que pasa de 0 a 100 en 3 segundos (hasta los tuits pueden tardar más en redactarse). Para asegurar que llegas a los objetivos marcados sin atropellar a nadie, has de pensar en plazos más amplios de tiempo: el largo plazo podría ser 1 año. Sitúa las fases que quieras, desde el lanzamiento o fase 1 hasta medio plazo que podría equivaler a 3 o 6 meses, según el negocio de la empresa.

Crear fases también sirve para ordenar o guardar todas las ideas que vayan surgiendo mientras se piensa en qué contenidos publicar. En este primer momento, todo vale, no te limites. Es tu carta a los Reyes Magos: llénala con todo lo que quieras conseguir.

Cada fase puede considerarse un plan a pequeña escala porque en cada una puede haber diferentes formas de llegar al mismo objetivo o, incluso, objetivos y públicos diferentes. Además, la edad de la empresa también determinará las fases, por ejemplo, puede que ya tengas contenidos porque llevas varios años en el mercado pero quizá se tengan que optimizar.

Si tu empresa es de nueva creación, en la primera fase orienta los contenidos a explicar tu historia, cómo has llegado a crear la empresa o cómo has transmitido tus valores a tu producto. Los primeros contenidos serán los que definirán su imagen, por lo que es muy importante que transmitan tu posición correctamente.

Desde una perspectiva de marketing de contenidos, enfoca la historia pensando en por qué alguien debería encontrar interesante a tu empresa, aporta elementos que no tengan otros o habla de los problemas que soluciona tu producto. La palabra clave sería informar.

En plazos intermedios, no pierdas de vista quién eres, céntrate aún más en las necesidades de los usuarios y amplía tus perspectivas a todos los públicos, no solo al principal, sino también a aquellos secundarios que te pueden ayudar a crecer, por ejemplo, si dependes de intermediarios.

Los contenidos servirán para resolver las dudas de tu audiencia pero ya no sobre quién eres, sino acerca de los consejos para utilizar tus productos, trucos para aprovechar mejor las funcionalidades de tu web o análisis de noticias relacionadas con los servicios que ofreces. La palabra clave sería educar.

Pensando a largo plazo, es decir, a un año vista o más, la generación de contenidos se complica porque parecerá que las ideas escaseen. Pero los contenidos también pueden ser divertidos, diferentes y creativos. Tienen que seguir comunicando todo lo anterior de manera que sigas avanzando hacia lo que te habías propuesto como meta y, a la vez, fidelizar a los clientes ya convertidos. La palabra clave sería entretener.

Si tu empresa no es nueva, tu posición ideal es en la tercera fase, cuando los contenidos informan, enseñan y entretienen a la audiencia a partes iguales y sin descuidar a ninguno de sus destinatarios.

Si no te sientes con la suficiente confianza como para pensar en dónde estará tu empresa dentro de un año, céntrate únicamente en la primera fase y, una vez acabada y conseguida, diseña un nuevo plan partiendo de la situación creada.

Caso de estudio

SSC es una empresa nueva, por lo que va a centrar sus esfuerzos en informar de su historia y sus servicios, pero también tiene claro que con un crucero al año puede acabar cerrando sus puertas. Por lo tanto, pensando en obtener la mitad del pasaje por la vía de las recomendaciones de los primeros clientes, a más largo plazo se planteará alguna forma de fidelización que le ayude a conseguir nuevos clientes, apoyándose principalmente en los que ya lo han sido y en alianzas externas que ayuden con la venta.

El plan de SSC tiene dos fases: la inicial para posicionarse en el mercado con la fecha del primer crucero (8 meses); la segunda se centrará en aumentar el número de clientes para llenar en el siguiente crucero y empezará 6 meses después de completar la primera.

Una forma de presentarlo gráficamente sería la siguiente:

	Fase 1: 8 meses	**Fase 2: +6 meses**	
Objetivos	Posicionar la empresa en el mercado	Aumentar las ventas	
Metas	Llenar un crucero	Llenar medio crucero con recomendaciones	
Estrategia	Informar sobre el producto	Fidelizar a los primeros clientes	Conseguir alianzas externas

Con las siguientes preguntas iremos añadiendo más filas para ir, poco a poco, desgranando la estrategia hasta saber qué contenidos publicar en cada momento.

¿Para quién crear contenidos?

Todos los planes de empresa tratan en algún momento de cómo es el perfil del público al que se dirigen para determinar su mercado potencial y valorar su viabilidad económica. Si puedes recuperar el tuyo, adelante, vas a necesitarlo para ponerlo al día. Si aún no sabes cómo son los usuarios con los que quieres comunicarte, necesitarás crear el perfil de la buyer persona. En inglés esta expresión se aplica al perfil de tu cliente ideal, sea cual sea el motivo por el que quieras destacarlo de entre el resto de compradores (quizá el que compra más o el que te molesta menos).

Recuerda que el contenido no solo ha de ser interesante desde un punto de vista comercial para la empresa, también debe serlo para el usuario porque si no sería inútil para el objetivo de marketing de contenidos que has definido. No hay un público objetivo claro si no se tiene un objetivo claro.

Como veremos más adelante, tu estilo también estará influido por quién leerá tus contenidos. No caigas en el error de dar por hecho que los usuarios de tu web tienen los mismos conocimientos que, por ejemplo, tu inmediato superior: lo que a éste le parecerá obvio, quizá a los primeros les suponga la diferencia entre tu empresa y la competencia.

También es posible crear buyer personas para negocios B2B. Por ejemplo: una empresa industrial que construye ascensores puede tener varios perfiles como constructoras o arquitectos; una franquicia puede tener tanto a los franquiciados como al cliente final; y un banco puede necesitar un perfil de usuario y otro de empresa. Si tienen objetivos y necesidades diferentes, merece la pena el esfuerzo de hacer más de un perfil.

Por otro lado, la misma persona puede encontrarse en diferentes situaciones al visitar tu web. Puede ser que llegue desde un buscador (lo que Google llama ZMOT o momento cero de la verdad en inglés) y no sepa quién es tu empresa o que un cliente le haya recomendado. Cada buyer persona puede tener diferentes inquietudes y debes tratar de solucionar el mayor número posible de ellas. Según las fases del ciclo de compra y siguiendo con los objetivos de visibilidad, ventas y fidelización que hemos visto antes, se pueden clasificar a los destinatarios de los contenidos como:

- **Desconocidos**: cualquier visitante de tu web que no necesariamente conoce tu empresa o tus productos y que, por tanto, tampoco tiene una imagen de la marca clara ni prejuicios sobre ella. Seguramente vendrán de buscadores sin saber cuáles son tus valores ni tu historia y tendrán varias preguntas que querrán resolver. El objetivo de este tipo de contenido es convertirlos al siguiente nivel.

- **Clientes**: cuando el usuario ya te conoce porque ha comprado tus productos, no necesita el mismo tipo de contenido que antes. Como cliente, tiene otro tipo de inquietudes sobre tu empresa y sobre el producto comprado o el servicio contratado. Si le cuidas bien, pasará al siguiente nivel.

- **Fans**: se atribuye no solo a seguidores en redes sociales, también a los evangelizadores, es decir, a personas que hablan bien y recomiendan una marca. Tus fans no solo te conocen, también les interesa todo lo que hagas. Para ellos, prepara contenidos para newsletters o material de descarga como ebooks para que sean los primeros en saber tus novedades y agradecerles su fidelidad.

Crear una persona tiene una parte fácil y una difícil. La primera coincidirá con el plan de empresa pero, si no lo tienes a mano, para empezar a imaginarte cómo es ese perfil, contesta a las siguientes cuestiones:

- ¿Es hombre, mujer o es indiferente?

- ¿Qué edad tiene?

- ¿Qué estudios ha finalizado?

- ¿De qué trabaja?

- ¿Dónde vive?

- ¿Qué idioma habla?

Felicidades, acabas de crear un retrato robot de tu cliente ideal. Ahora viene la parte difícil: ponerle alma. Con toda esa información, podrás imaginarte físicamente a tu persona pero te falta mirar en su interior y descubrir su perfil más psicológico. Construir esa persona requiere meterse en su piel y contestar a preguntas como:

- ¿Qué le interesa de tu empresa?

- ¿Cuáles son sus inquietudes respecto a tu producto?

- ¿Qué frenos de compra puede tener?

- ¿En qué basa sus decisiones de compra?

- ¿Cuáles son sus influencias?

- ¿Qué conocimiento tiene del entorno?

- ¿Cuáles son sus preocupaciones hacia tu sector?

- ¿Qué medios online y sociales consulta y utiliza?

Con una buyer persona en mente te asegurarás de elegir siempre mensajes y contenidos interesantes para ella. Míralo desde esta perspectiva: has de preguntarle a esta hipotética persona qué quiere saber de tu empresa o de tu producto y cómo quiere que se lo expliques. Las dos se complementan: contestarás fácilmente la primera pregunta pero la segunda te permite adaptar el mensaje al público objetivo de tu web, blog o de cualquier contenido.

> Puedes descargar gratuitamente el ebook en PDF "Buyer persona: guía en 10 pasos" desde la página del libro.

Caso de estudio

En la primera fase, SSC tiene un público objetivo claro: las personas que quieren viajar a otros planetas. Su perfil es el de parejas de luna de miel, familias de vacaciones, amigos en viaje de final de carrera… edades variadas que probablemente viajen en grupo, con el interés común en la astronomía y el espacio. Este hobby sería lo que les uniría ya que el viaje es de ocio, no académico. Como perfil secundario podrían tener a las personas que viajan en crucero sin relación con la astronomía. Creen que merece la pena centrarse en el principal y que al captar éste también conseguirán llamar la atención de los otros.

En la segunda fase, se mantendrá el mismo público objetivo que en la primera pero, además, se ampliará a proveedores como agencias de viajes intermediarias que vendan los cruceros por una comisión y se hará especial énfasis en los clientes del primer crucero.

Centrándonos únicamente en una estrategia de contenidos, el gráfico sería el siguiente:

	Fase 1: 8 meses	**Fase 2: +6 meses**	
Objetivos	Posicionar la empresa en el mercado	Aumentar las ventas	
Metas	Llenar un crucero	Llenar medio crucero con recomendaciones	
Estrategia	Informar sobre el producto	Fidelizar a los primeros clientes	Conseguir alianzas externas
Público objetivo	Clientes potenciales	Clientes	Proveedores

Aún es pronto para hablar de las tácticas concretas que se llevarán a cabo, completaremos el cuadro más adelante.

Cómo saber qué contenidos interesan a tu audiencia

Crear perfiles no es algo que se haga fácilmente. Bueno, sí lo es, si se cae en el error de presuponer las respuestas, contestar como si estuviesen dirigidas a ti y no dedicar un mínimo de tiempo para asegurarte de que realmente sabes cómo es, cómo piensa y qué necesita tu audiencia. Si quieres conseguir una persona cercana a la realidad, tienes que investigar. De hecho, es muy probable que viendo las preguntas del apartado anterior te salte una duda más amplia: ¿cómo saber todo esto?

Arnie Kuenn tiene la solución en su libro "Accelerate!" (2011): todos los usuarios de internet son consumidores de contenidos por lo que tus clientes son buscadores de información. Sugiere que te comportes también como un buscador para saber más cosas sobre tus clientes utilizando los siguientes recursos:

- Búsquedas globales en buscadores generalistas.

- Google Trends para tendencias de búsquedas globales.

- Trending Topics de Twitter.

- Comentarios en actualizaciones de Facebook e Instagram, incluidos perfiles de la competencia.

- Grupos de LinkedIn relacionados con el sector.

- Menéame o sistemas de votación de noticias.

- Páginas de reviews o recomendaciones.

- Foros abiertos a un público no registrado.

- Informes sobre internet, comercio electrónico o consumidores online (los del EGM son imprescindibles).

- Estadísticas de uso de las diferentes herramientas.

Lo bueno que tiene internet es que prácticamente toda la información es pública por lo que buscar datos sobre ellos no es difícil, simplemente hay que darle sentido a lo que te encuentres.

Por eso Ginny Redish en "Letting Go of the Words" (ed. Morgan Kaufmann, 2012) recomienda consultar también a personas de la empresa que estén en contacto real con clientes como compañeros del departamento de atención al cliente, de ventas o de marketing que puedan darte los emails que llegan desde la web, formularios o encuestas de feedback o las expresiones que utilizan los usuarios para llegar a la web y las que introducen en el buscador interno de la web.

La matriz de contenidos de Eloqua, además de señalar los canales de distribución, relaciona los objetivos comerciales con los del usuario:

- Durante el **descubrimiento**, el usuario tiene una vaga noción del producto y por eso necesita vídeos, infografías, artículos y contenidos ofrecidos por un curator.

- Durante la **consideración**, el usuario está interesado en un producto, busca proveedores o evaluaciones del producto y por eso necesita webinars, demostraciones o white papers.

- Durante la **decisión**, el usuario necesita un contenido con enfoque práctico para quitar por completo sus frenos de compra como son eventos, casos de éxito y testimoniales.

Quizá te parecerá fácil pensar en contenidos que interesen a los consumidores finales o a clientes, pero te resulte más complicado si tu modelo de negocio no es tipo B2C sino B2B, es decir, cuando tu público objetivo son otras empresas. La manera más efectiva de enfocar la comunicación con ellas es recordar que detrás de una gran empresa siempre hay una o varias personas tomando decisiones. Por tanto, piensa en qué perfil dentro de esa empresa es tu aliado (director financiero, de compras, de marketing…) y céntrate en él para generar contenidos que le ayuden internamente a decidirse por tu producto.

Crear personas tiene algo de ficha de personaje de rol, pero es fácil entender su importancia si se compara con el personaje de un libro o de una serie de televisión: los guionistas y los espectadores le conocen tan bien que saben cómo reaccionarían ante una situación o pregunta concreta. Trata de imaginar a tu persona como a alguien que ya conoces. Piensa, por ejemplo, que un familiar cercano es tu audiencia: ¿sabrías describirle tu negocio de manera que lo entendiese e imaginar las preguntas que te haría después? A ese nivel de conocimiento es al que debes aspirar. El éxito de tu marketing de contenidos depende de cuán real sea la persona que hayas creado y cuánto la conozcas.

Caso de estudio

SSC tiene claro que, al tratarse de una empresa nueva con un producto novedoso, puede haber muchas dudas sobre su funcionamiento. Se ha hecho una proyección de lo que podría encontrar SSC si realizase búsquedas siguiendo las recomendaciones de este apartado.

Añadiendo las necesidades concretas de cada público, el gráfico quedaría de la siguiente forma:

	Fase 1: 8 meses	**Fase 2: +6 meses**
Objetivos	Posicionar la empresa en el mercado	Aumentar las ventas
Metas	Llenar un crucero	Llenar medio crucero con recomendaciones

Estrategia	Informar sobre el producto	Fidelizar a los primeros clientes	Conseguir alianzas externas
Público objetivo	Clientes potenciales	Clientes	Proveedores
Necesidades	Cómo es un crucero estelar Qué planetas podré visitar y cómo Qué podré hacer en cada planeta Qué tipo de excursiones habrá (niños, guía…) Qué preparación se necesita (condición física, edad…)	Qué variantes hay del crucero (novedades en las rutas y excursiones) Qué época o momento es mejor (festividades)	Cuánto volumen de negocio puede esperarse Cuánta competencia puede esperar (competencia) Cómo se relacionarán las marcas (blanca, beneficios…)

Recuerda que en la fase 2 se conserva como público objetivo a clientes potenciales pero, para simplificar el gráfico, no se han incluido porque las necesidades serán muy parecidas a las de la fase 1.

¿Sobre qué han de tratar los contenidos?

Hasta ahora, lo único que has hecho en esta estrategia de marketing de contenidos es prepararte y recopilar información para poder responder a la pregunta más importante: ¿de qué vas a hablar? O, en su versión extendida: ¿qué le vas a contar a tu audiencia para conseguir tus objetivos de marketing de contenidos? No te quedes en blanco, todas las empresas tienen algo que contar. Has de encontrar lo que te hace diferente: tu historia.

El arte del storytelling consiste precisamente en explicar una historia, pero no como si fuese un cuento de hadas. En el contexto en el que nos encontramos, se trata de contar la vida de la empresa de manera que la haga única. Si bien el origen del storytelling sí es el del cuentacuentos, tiene algunas características que, bien utilizadas, pueden ser útiles para el storytelling corporativo:

- Sorprende a la audiencia.

- Les deja con ganas de saber más.

- Puede tener varias perspectivas.

- Crea relaciones profundas.

- Humanizan la marca.

- Ayudan a recordar la marca.

La forma más fácil de contar tu historia es a través de una persona. Coca-cola y el inventor de su fórmula Doc Pemberton o la marca de ropa Dolores Promesas son buenos ejemplos. Pero no hace falta inventar nada, solo explicarla de manera que deje huella. Si antes decíamos que debes conocer a la persona con la que hablas, también es imprescindible saberlo todo de tu empresa. Para hacerlo, puedes seguir el consejo de Jim Signorelli en "StoryBranding" (ed. Greenleaf Book Group LLC, 2012): crear un storybrief. Tienes la ventaja de que los primeros pasos ya los realizaste en el apartado anterior:

- Recopila el trasfondo de tu historia, lo que vendría a ser un análisis de la situación.

- Caracteriza tu marca, realiza un DAFO para encontrar tus fortalezas y debilidades.

- Caracteriza a tu audiencia, sería crear una buyer persona.

- Conecta a los personajes de la historia: ¿cómo puede tu marca satisfacer las necesidades de la audiencia mediante tus productos y tus valores?

- Enfréntate a los obstáculos, es decir, detecta los frenos y baches por los que la marca y la audiencia tienen que pasar para cumplir la meta final.

Como él mismo dice, la diferencia entre una buena historia y otra que no lo es, consiste en que la primera merece la pena ser contada.

> Puedes descargar gratuitamente el ebook en PDF "Contenido eres tú" desde la página del libro para saber más sobre storytelling.

Caso de estudio

SSC tiene una historia personal detrás en la que apoyarse y que puede servir como conexión con los clientes: sus socios fundadores son una pareja que hizo un viaje a la Luna.

Se enamoraron, se casaron y para la luna de miel quisieron hacer un viaje por otros planetas para revivir la primera vez que se vieron y tener la misma experiencia en cada planeta. Tuvieron que hacer un viaje para cada uno y así fue cómo se les ocurrió la idea de hacer un crucero por el Sistema Solar creyendo que también habría otras parejas, familias o grupos de amigos que querrían vivir lo mismo.

Cómo encontrar los mensajes clave de una empresa

El storytelling ayuda a cada empresa a ser única, fácilmente identificable en la mente del usuario por lo que transmite y cómo lo hace. Pero la relación que existe entre valores y diferenciación puede ser complicada: ¿Puedes aportar valor a tus lectores pero no diferenciarte en nada de lo que ya hablan otras empresas o personas? ¿Puedes diferenciarte tanto que no aportes valor porque no le interesas a nadie? La respuesta puede ser afirmativa en ambos casos pero, de ser así, no esperes beneficios cualitativos de tus contenidos, solo cuantitativos.

Debe haber un equilibrio entre valor y diferenciación para que la estrategia funcione y los usuarios consigan una imagen clara de quién eres y por qué deberían contratarte o comprar tus productos. Ampliando el campo de visión a la empresa en general, los contenidos transmiten el posicionamiento de tu empresa explicando tus valores corporativos y mostrando la diferencia con tu competencia.

Para descubrir qué valor puedes aportar, detente un momento, aléjate mentalmente de tu día a día y haz una introspección para recordar por qué creaste tu empresa (o entrevista a quien lo hizo): ¿qué te impulsó a hacerlo? ¿Qué esperabas que sintiesen tus futuros clientes? Imagínate que tienes que explicar en tres frases por qué tu público objetivo te tendría que haber elegido en el momento en que se constituyó la empresa. Compáralo si hace falta con la situación actual e intenta pensar solo en tu empresa, no en su entorno.

Construye frases más o menos largas que reflejen quién eres y qué es tu empresa, mejor que palabras sueltas. Hazlo con los pies en el suelo, no recurras al apartado "Valores" de tu web. Te ayudará recuperar el último post que has escrito: ponle palabras clave pensando en percepciones, en intangibles que sirvan para inspirar al usuario, como pueden ser: seguridad, juventud, experiencia, proximidad, ilusión, libertad, lealtad, sinceridad, autonomía…

Cada sector tiene algunos conceptos más o menos habituales (por ejemplo: deporte y esfuerzo) pero también puedes buscar nuevas asociaciones (deporte y tradición) que te diferencien a la hora de publicar contenidos y atraigan a quien vea en tus productos algo más que el producto en sí mismo, también el reflejo de una marca.

Contesta a dos preguntas básicas: ¿cuál es tu mensaje clave? Y ¿qué palabras te definen? A partir de aquí, crea mensajes derivados utilizando los sinónimos más cercanos a las palabras clave y construye frases que complementen tus comunicaciones. Juega con las alternativas hasta quedarte con la que expresa mejor lo que sientes sobre tu marca.

Si has evitado utilizar alguna de las palabras habituales que suelen acompañar la lista de valores ("innovación" y "excelencia" son clásicos), tendrás más fácil la siguiente pregunta: ¿qué tienes de diferente respecto a otra empresa de tu sector? ¿Tu competencia podría tener tus mismos valores? Idealmente, intenta hacer las mismas reflexiones con las marcas de tu competencia para ver cuáles son los valores que transmiten y hasta qué punto son diferentes a los tuyos. Puedes hacer el ejercicio de imaginarte a tu usuario ideal frente a una página de resultados del buscador en la que sale tu empresa pero también tu competencia: ¿por qué debería elegir tu página? Dejando de lado el SEO y la posición en la que te sitúe Google, es la reputación de tu marca lo que te hará ganar la confianza del usuario y llevarte ese clic. Y eso se logra con cada contenido publicado, en todos los canales, no únicamente en la sección "Quiénes somos" de tu web.

Cuando explico este punto en clase, me doy cuenta de que quienes no han definido bien sus valores no son capaces de preparar una estrategia de marketing de contenidos diferenciadora. Cuando coinciden dos negocios similares y los contenidos que plantean son parecidos, el ejercicio que les pido entonces es que tachen su nombre y utilicen el del compañero: si la estrategia les sirve, es que deben repetirlo. Pruébalo con la lista que has preparado y comprueba si serviría para otras marcas.

La palabra "valor" se puede entender de dos formas: por un lado, el intangible de las empresas y, por otro, lo que perciben los usuarios. Esto es importante desde la perspectiva del marketing de contenidos: los valores corporativos han de ser útiles para el cliente. En este sentido, puede decirse que cuando se utilizan palabras realistas para los valores de las empresas, éstos se acercan al usuario.

Repasa la lista que has hecho antes de intangibles y ponlos a la altura del usuario que estás buscando para encontrar los valores que deben comunicar tus contenidos. Ponte de nuevo en su piel y pregúntate si realmente ves valor en esos mensajes. En el proceso de pensar por qué te tendría que elegir tu público objetivo, ¿has pensado en lo que le preocupa a él o solo en frases que suenan bien comercialmente hablando?

Debes encontrar ese mensaje, seguramente muy cercano a su eslogan o tagline, que te guiará en la estrategia de marketing de contenidos.

Caso de estudio

SSC quiere que sus clientes descubran nuevos horizontes para viajar; que vean todos los planetas desde una perspectiva cultural y astronómica; que pasen ratos lúdicos, educativos, divertidos y románticos con las actividades en grupo, en pareja y familiares que han planeado; que se sientan cómodos, seguros y guiados por un equipo bien organizado que ha pensado en todo lo que puedan necesitar ya que los socios de SSC también han estado en la situación de sus clientes.

¿Cómo han de ser los contenidos?

Si los mensajes clave responden a ¿qué explicar?, el estilo lo hace a ¿cómo los contarás? ¿De qué manera transmitirás esos valores? ¿Cómo te comunicarás con tu audiencia? Es aquí cuando has de demostrar quién eres realmente. Si has encontrado tu diferencia, lo que publiques no puede ser lo mismo que publicaría tu competencia. Si tienes un estilo, solo puede ser tuyo.

¿Un símil para verlo más claro? El vestuario. Hay colores, marcas o tipos de prendas que nunca te pondrías. O, en el otro extremo, cuando alguien te regala algo que no te gusta, piensas que no te conoce mucho. Son dos casos en los que tu estilo no está representado y por eso lo rechazas. A la hora de elegir contenidos, ocurre lo mismo. También lo veo en clase cuando les pido a los alumnos que escriban un tuit o un post sobre una noticia de actualidad, la que sea: cada persona la ve de manera diferente porque tiene valores diferentes.

La respuesta para saber cómo han de ser tus contenidos está en el tipo de negocio y el público al que te diriges porque marca el lenguaje: técnico, argot, sencillo…. Existe un movimiento a favor del lenguaje llano (plain language) que defiende que los textos deben ser comprensibles por el ciudadano corriente, incluidos los documentos legales. Sugiere que las expresiones que se utilicen sean claras y concisas, fáciles de entender para cualquiera que sea el público objetivo.

En cuanto al tono, el conversacional es habitual desde que los medios sociales se impusieron como lugar de relación entre personas y marcas. Pero hay otros tipos que pueden añadir matices diferenciadores como informal, cercano, académico, divertido, irreverente, objetivo, informativo…

Hay muchos factores que definen el estilo de una empresa y las personas que escriben para ella (en la web o en cualquier canal corporativo, incluso notas de prensa o anuncios de televisión) son las que deben tener claro cuál es para poder reflejarlo y no crear inconsistencias que perjudiquen la imagen de la marca.

Caso de estudio

El público de SSC está interesado en la astronomía y conoce mínimamente el lenguaje que rodea a esta ciencia. Los cruceros no están destinados a científicos por lo que sus contenidos sobre astronomía no estarán escritos con palabras técnicas ni de forma muy académica para que puedan entenderlos quienes quieran descubrir otros horizontes y también quienes simplemente busquen un viaje diferente sin saber nada del espacio. El tono será tan cercano y confiable como se esperaría al hablar con un conocido que ya ha realizado el viaje que se quiere reservar.

Cómo identificar y guiar el estilo de una empresa

Las palabras que utilizamos nos definen. Por ejemplo, no es lo mismo decir "creemos que", "en mi opinión", "dicen que", "yo diría que" o "pondría la mano en el fuego a que". Recupera los mensajes clave y los sinónimos que hayas utilizado al identificar tus valores: esas palabras formarán parte de tu campo semántico. Este conjunto de palabras definen a tu empresa y son las que deben utilizarse. También puedes listar las que no quieres que se utilicen o aquellas con las que la empresa no está de acuerdo. Por ejemplo: el campo semántico básico de un centro de estudios sería "curso", "taller", "clase" pero también "profesor", "docente", "alumnos", "estudiantes" pero quizá no quieras usar "conferencia" o "participantes" porque no coinciden con tu forma de entender la docencia. El campo semántico se extendería también a las palabras de cada uno de tus líneas de formación y a tus valores como "actual" o "práctica".

Algunas decisiones gramaticales que has de tomar para empezar a documentar tu estilo:

- Primera decisión: el **género gramatical**. A no ser que tu producto esté orientado únicamente a mujeres, lo habitual es usar el masculino como generalización. No obstante, también se pueden utilizar adjetivos que sean neutros y dejar que quien lo lea lo interprete.

- La segunda cuestión a tener en cuenta es la **persona gramatical**: ¿"tú", "usted" o "nosotros"? Aunque aún hay marcas que tratan al usuario y futuro cliente de "usted" de forma respetuosa, las redes sociales han propiciado que se use más el "tú" y el "nosotros" (como plural inclusivo). Un ejemplo práctico que te puede ayudar: en "Yahoo! Design Pattern Library" explican las implicaciones de decir "Mis cosas" o "Tus cosas" a la hora de desarrollar nuevas aplicaciones (y apuestan por "tus"): "Mis cosas" imita el punto de vista del usuario pero impuesto por la aplicación y "Tus cosas" refuerza la intención de diálogo entre humanos.

- Y la tercera, el **tiempo verbal**: aquí casi se acepta todo, aunque los imperativos son cada vez más utilizados en los textos ("haz clic", "visita esta página", "descárgate"...). Es mejor sugerir que obligar, recuerda que hablando de marketing de contenidos se trata de conectar, no de gritar a los usuarios.

Para poder definir un estilo, es imprescindible ser coherente en todo lo que se comunica no solo en la forma en la que la propia empresa se define, los nombres de los departamentos o las marcas que comercializa. Por eso hay que prestar atención a convenciones básicas como uso de las mayúsculas, números en horarios o porcentajes, abreviaturas...

Además, también formarán parte de tu estilo los idiomas que utilices así como la extensión habitual de tus textos, el tipo de fotografías que publiques, la forma en la que enlaces y cites a las fuentes, cómo titules los posts… Puede ser que tu estilo, a fuerza de ir publicando contenidos, se dé a conocer antes de reflexionar sobre su existencia, sobre todo si eres una empresa con algunos años.

Una vez localizado, no lo dejes escapar: refléjalo en una Guía de estilo para asegurarte de que cualquiera dentro de la empresa sabe transmitirlo. Un manual de este tipo sirve para unificar la voz de la empresa, además de que permite fijar interna y externamente el tono de comunicación con los usuarios. Su misión también es solucionar las dudas más habituales de manera rápida para que quien escriba sepa cómo hacerlo.

Una Guía de estilo es, por tanto, un documento editorial igual que el Manual de Identidad visual corporativa es una herramienta de diseño o la Normativa de medios sociales (social media guidelines o social media policy) estipula el comportamiento de los empleados en esos canales. En este sentido, puede incluirse en alguno de ellos para crear un documento único o seguir una estructura propia como puede ser la siguiente:

- **Usos generales**: cómo escribir para internet, recomendaciones ortográficas y gramaticales, anglicismos (¿email o correo electrónico?)…

- **Usos concretos**: cómo expresar los mensajes clave a repetir, cuáles son las palabras habituales, qué expresiones hay que evitar...

- **Usos por canales**: cómo enlazar en blogs, utilización de abreviaturas en Twitter, menciones entre páginas de Facebook, hashtags obligatorios en Instagram, llamadas a la acción en newsletters…

- **Ejemplos de uso**: ya sea en un apartado al final o

mezclándose con la teoría, incluye una parte práctica o ejemplos concretos, tanto buenos como malos.

- **Contacto**: describe el proceso de validación de contenidos o, como mínimo, la persona responsable de la Guía para poder consultar las dudas en el momento de ponerla en práctica.

Es un documento vivo que hay que mantener actualizado porque en caso contrario pierde sentido y nadie la consultará. Una vez realizada la Guía, dala a conocer a todos tus trabajadores, escucha sus opiniones y déjala en un lugar compartido por todos para facilitar su consulta (Google Drive, por ejemplo). Aunque no es ni mucho menos obligatorio, algunas empresas y diarios publican en sus webs corporativas esta información.

> En mi libro "Pilares del contenido" tienes detalles para definir tu voz y construir tu Guía de estilo.

Caso de estudio

Los contenidos de SSC los llevará la socia fundadora de la empresa por lo que consideran que no es necesario crear una Guía de estilo en la primera fase. Lo que sí hacen antes de empezar a publicar nada es acordar, junto con su socio, la forma en la que se dirigirán a sus lectores: establecen que será de tú, lo más neutro posible y tratando siempre de no imponer sino exponer las ventajas y beneficios de sus viajes, buscando la complicidad de los lectores y ganarse su confianza como empresa que se preocupa por ellos. Empezarán publicando en el mismo idioma de su web.

¿Dónde publicar contenidos?

Desde una perspectiva de marketing de contenidos, contestar a la pregunta dónde comunicarte con la audiencia es muy fácil: donde ellos estén. Tienes que llegar a donde sea para encontrar a tus personas (identificaste los canales que más utilizaban en la fase de documentación) y sí, una parte del trabajo para acercarte a ellos lo harán los buscadores, pero cada red social es un pequeño ecosistema y debes elegir en cuál estar. Si ya tienes una presencia en medios sociales, habrás inventariado tus contenidos y sabrás para cuáles tienes material o cuál deberías cerrar porque no tiene buenos resultados.

Hay muchos canales, ¿cuál elegir ante tantas posibilidades? Las grandes empresas disponen de suficientes recursos como para permitirse probar varios canales y abrir cuentas donde hay pocos usuarios. Para las pymes, hacer una selección es básico para poder gestionar la presencia digital y es común decantarse por alguno de los más populares: blog, Facebook, Instagram o Twitter. Aún así, pueden ser más interesantes YouTube o LinkedIn, según el tipo de contenido y la audiencia de la empresa. Además, el correo electrónico también es un canal de publicación con muchos millones de usuarios y una buena herramienta de fidelización.

Todo ello además de la página web, claro. Ésta sigue siendo el lugar al que enviar a los usuarios porque es donde realmente se vende. Magali Benítez en "Contenido eres tú" lo llama campamento base porque es donde debemos centralizar y reunir el tráfico conseguido en otros canales. En ellos se publican contenidos para atraer a los usuarios que estén buscando solución a sus dudas: si quieren saber dónde está la oficina más cercana o cuánto cuesta un producto, encontrarán la página corporativa; si necesitan otro tipo de contenido, recurrirán al blog o a otros canales.

> Recuerda que puedes descargar gratuitamente el ebook en PDF "Contenido eres tú" desde la página del libro.

Cómo elegir el canal más adecuado para publicar

Citando a Jeff Goins en "Every Writer Needs a Tribe" (Sterling & Stone, 2012), una plataforma amplifica y legitima un mensaje, da autoridad, magnifica y extiende la voz para que su responsable consiga influencia. La opción más fácil para elegir "el mejor" canal es ir a las grandes redes porque allí se reúnen millones de usuarios por lo que seguro habrá alguno del perfil que te interesa. Es ir a tiro seguro pero este planteamiento cuantitativo orientado a volumen, aunque muy común, es equivocado. Antes de registrarte en una red pregúntate:

- ¿Por qué tu audiencia objetivo está presente? Cada canal tiene su propio perfil geográfico, de género y de edad. Conocerlo te puede ayudar a no errar el tiro.

- ¿Está tu competencia presente? Descubrir el éxito o fracaso de otras empresas puede ser un criterio para decidirse, pero no el único.

Con estas primeras reflexiones podrás empezar a ver la respuesta a la gran pregunta: ¿por qué un canal y no otro? Pero aún hay muchas más cuestiones a valorar para tomar la decisión correcta porque cada plataforma tiene unas determinadas características que lo harán más cercano a lo que necesitas. Se trata de que "el mejor" sea "el más adecuado".

A la hora de analizar los canales, fíjate en:

- **Alcance**: aunque todas las plataformas tengan una audiencia de millones de usuarios, lo que importa es la penetración de un canal en un determinado perfil.

- **Coste**: la mayoría de medios sociales son gratuitos pero también tienen extras que son de pago y quizá sean los que te interesan.

- **Diseño**: cuánto podrás diferenciarte gráficamente de otras empresas en este canal.

- **Funcionalidades**: te sirven las básicas, las de pago o quieres ampliar o personalizar algún aspecto y no es posible.

- **Responsable interno**: deben considerarse los conocimientos previos de la persona que vaya a utilizarla más y, si son varias, la posibilidad de que se puedan nombrar varios administradores.

- **Objetivos**: no los dejes nunca de lado y aplícalos a cada plataforma. Por ejemplo: Facebook expone más a la marca frente a los fans, Twitter es perfecta para una rápida atención al cliente e Instagram es muy útil para eventos en directo.

- **Efectividad**: buscar casos de éxito de otras empresas puede ayudarte a valorar si estar presente en ese canal también tiene sentido para una empresa como la tuya.

- **Estadísticas**: informes de uso privados y qué datos podrán saber usuarios y competencia de tu uso de la plataforma.

Más adelante veremos que las plataformas específicas de content curation tienen, además de estas, otras cuestiones a tener en cuenta.

En los medios sociales es fácil caer en repeticiones, por eso has de tener claro lo que esperas de cada canal y, así, decidir qué contenidos necesitarás:

- ¿Qué se puede publicar en un blog? De todo, desde artículos de opinión a vídeos corporativos pasando por encuestas a los lectores o promociones. No hay límites de espacio ni de formato.

- ¿Qué se puede publicar en Facebook? Promoción del blog, primicias para fans y enlaces recomendados para relacionarse con otras páginas dentro o fuera de Facebook. Aquí el límite lo ponen las aplicaciones que tengas que desarrollar (promociones, juegos, tienda online…).

- ¿Qué se puede publicar en Twitter? También puede ser ésta una herramienta para el content curator. Permite enlazar y recomendar contenidos ajenos pero, sobre todo, se puede utilizar como un blog en miniatura (por algo es microblogging) y publicar mensajes propios, más breves y concentrados.

- ¿Qué se puede publicar en LinkedIn? Como página de empresa, lo esperado son ofertas de empleo ya que es una red profesional, pero también se pueden incluir información de productos y eventos. Como perfil personal, lo mismo que harías en cualquier otra red social pero pensando en tu marca personal y tu papel en tu empresa.

- ¿Qué se puede publicar en Instagram? Las stories son lugares de entretenimiento, encuestas, vídeos en directos, efectos… En las actualizaciones de tipo imagen o vídeo se puede incluir fotografías del equipo, frases a modo de cita, reposts de clientes y cualquier imagen que resulte visualmente atractiva e inspiradora.

- ¿Qué se puede publicar en YouTube? Vídeos de eventos a los que se asiste, entrevistas al equipo, webinars en directo o cursos online, por ejemplo.

Cuando hay variedad de canales, el problema es elegir dónde publicar un contenido que podría ir casi en cualquiera de ellos. Algunos de los supuestos más comunes y tus posibles soluciones serían las siguientes:

- Tienes una **idea** que contar, ¿dónde lo haces?

  - Blog: si se puede desarrollar en más de 150 palabras. WordPress es la mejor plataforma para blogs corporativos, aunque Blogger es más práctico si no quieres instalar nada.

- o   Facebook: si conlleva una pregunta con la que esperas iniciar debate o forma parte de un concurso.

- o   Twitter: si es un pensamiento rápido, corto o buscas controversia.

- o   Instagram: si es una reflexión visual o necesitas algún efecto sencillo.

- **Tienes una foto, ¿dónde la pones?**

  - o   Facebook: si forma parte de tu catálogo de productos.

  - o   Twitter: si la quieres promocionar.

  - o   Instagram: si es creativa o sirve para entretener a los usuarios.

  - o   Flickr: si es algo a proteger con algún tipo de licencia, ya sea CC o ©.

  - o   Pinterest: si es de tu catálogo de productos o es de otra persona y te inspira especialmente.

- **Tienes un vídeo, ¿dónde lo cuelgas?**

  - o   YouTube: si vas a seguir creando más vídeos.

  - o   Vimeo: si te importa la calidad estética del vídeo.

  - o   Facebook: si solo tienes un vídeo y en el futuro no piensas crear muchos más.

  - o   Twitter: si es corto o en directo.

  - o   Instagram: si es de resolución vertical o efímero.

- **Tienes un enlace que recomendar, ¿dónde lo haces?**

  - o   Facebook: si quieres promocionar contenido propio o provocar debate con contenido externo.

  - o   Twitter: si quieres recomendar la lectura del artículo de otra persona o promocionar uno propio.

  - o   Instagram: si quieres promocionar la compra de algún producto.

Conociendo las posibilidades que ofrece cada plataforma podrás saber cómo quieres estar presente en ellas, ver si tus expectativas encajan con una o varias. Recuerda que tu presencia no siempre ha de ser de dominio: en lugar de utilizar un canal como propio, puedes únicamente anunciarte o conseguir espacios gratuitos mediante relaciones públicas.

Como veremos más adelante, se pueden republicar contenidos entre plataformas para ayudar a su promoción pero no debería ser ese el único tipo de contenido. Al principio, las plataformas pueden tener contenidos similares, aunque con el tiempo convendría que los separases un poco para que cada una tuviese una entidad propia. Por ejemplo, una que fuese informativa, otra conversacional, otra educativa, otra corporativa… las reacciones y seguimiento de los usuarios te ayudarán a elegir qué actitud puedes tener en cada canal.

Caso de estudio

SSC quiere utilizar un blog donde publicará artículos para cubrir las necesidades de los clientes y potenciales clientes, además de artículos temáticos sobre los planetas; Facebook para promocionar el blog y mostrar la parte más visual de la astronomía, con fotografías de planetas y del espacio; y Twitter para poner alguna frase inspiradora relacionada con los viajes y la astronomía, además de pequeños apuntes tipo "¿sabías qué…?" y enlazar hacia el blog. Con estos tres canales se quiere tanto atraer al público principal como a los clientes tradicionales a los que se les descubriría el interés por el Sistema Solar. También se hará alguna infografía explicando cómo es un crucero estelar, sus rutas y un detalle de los planetas para ofrecer un gancho visual que genere visitas.

Para la fase 2, SSC se plantea utilizar canales como YouTube e Instagram para publicar material audiovisual de los viajes y alguna serie de posts con recomendaciones y directos para contar las experiencias de los primeros viajeros. Además, como vía específica de fidelización, se usará una newsletter que explique las novedades de la empresa a esos clientes incentivando que compartan con sus contactos.

¿Cada cuánto tiempo publicar contenidos?

Que no te desborde todo lo que acabamos de ver. Muchos canales, muchos contenidos… si organizas bien tu estrategia, verás que es fácil mantener un buen ritmo de publicación sin perder de vista los objetivos. Para ello, necesitas crear un calendario editorial.

Chris Soames en SmartInsights plantea 4 objetivos más allá del control del tiempo que hacen obligado a una empresa tener un calendario editorial:

- Garantiza la coherencia y la calidad del contenido.

- Alinea a las personas involucradas en la creación de las piezas.

- Crea un proceso interno para la gestión de contenidos.

- Permite llevar la cuenta del trabajo hecho por cada persona.

Es probable que al pensar en planificar contenidos la primera opción que consideres sea programar posts de un blog. Pero una estrategia completa incluye más medios y abarca plazos de tiempo más amplios que una semana. Es posible incluso pensar en todos los contenidos de un año si son atemporales, es decir, los que duran más porque no caducan a corto plazo.

Un calendario editorial es una herramienta para organizar la publicación de contenidos y, por tanto, también es útil para controlar las tareas como son la documentación, redacción o traducción (si fuese necesario) y a los responsables de cada una de ellas. En este sentido, el calendario permite adelantarse y planificar posibles situaciones en las que no se encuentre todo el equipo. En Idea Launch sugieren no perder de vista los contenidos durante periodos de vacaciones pero sus recomendaciones también pueden servirte para descargarte de trabajo y compartir tus tareas:

- **Invita a alguien a que escriba**: los guests posts o post de firma invitada son formas de promocionar tu blog en el de otros bloggers o, al revés, ofrece tu espacio para que otros escriban. Busca a alguien del mismo tema para que no se note tanto tu ausencia o todo lo contrario para darle un aire festivo.

- **Programa todo lo que puedas**: es la mejor solución si no quieres cederle tu espacio a nadie pero te llevará mucho más trabajo para dejarlo todo listo a tiempo. Céntrate en información atemporal y plantéate incluso avisar de que esa publicación está programada para evitar suspicacias.

- **Forma a alguien**: de tu mismo departamento o a esa persona que se queda de guardia. También es posible contratar a alguien externo de manera puntual para cubrir fechas concretas... incluso cuando hay picos de trabajo.

Para cualquier situación en la que otras personas actualicen tus contenidos, recuerda que una Guía de estilo servirá para que cualquiera pueda hacerse cargo sin que se note que esa actualización no la ha hecho la misma persona de siempre.

Cómo hacer un calendario editorial

Un calendario editorial es una herramienta heredada de la prensa que puede ser utilizada por una o varias personas para gestionar la creación y publicación de contenidos. Su forma más sencilla es una tabla que muestra una semana o mes y la información fundamental para que todos los implicados sepan qué han de hacer:

- **Fecha**: en qué momento se ha de publicar. Siendo ése el último paso, conviene tener en cuenta el proceso de validación interno por lo que también puedes incluir las fases previas para asegurarte de que no se pasa la fecha de publicación. Por ejemplo, decisión conjunta del tema, redacción externa, validación superior, traducción externa, maquetación interna y publicación.

- **Canal**: dónde se publica. Asignar cada canal con un color puede ser una forma muy visual de identificarlos.

- **Tema**: en forma de título, palabra clave o descripción que sirva para hacerse una idea general de lo que se publicará. Por ejemplo, puede dedicarse cada semana o un mes entero a un producto diferente o a un mensaje clave concreto.

- **Responsable**: cada persona implicada puede tener su propio calendario pero en el global del departamento deberá indicarse con iniciales o colores (sin confundirse con las del canal) las tareas de cada uno para saber siempre a quién recurrir.

La siguiente tabla muestra una propuesta sencilla de calendario semanal al que habría que añadir tantas filas como canales se tuviesen:

Semana 1	Lunes	Martes	Miércoles	Jueves	Viernes
Canal					

Figura 2: Calendario semanal. Fuente: www.marketingdecontenidos.es.

Para tener una visión más amplia, puedes añadir también la promoción que harás para cada contenido de manera que, como veremos más adelante, reflejes tanto el uso corporativo como el promocional.

Hay diversas herramientas online para hacer calendarios editoriales, como Divvy HQ, Kapost o Contently, que además pueden gestionar la propia publicación; también sirven calendarios compartidos gratuitos como Google Calendar; hay plugins para WordPress como Editorial Calendar y Edit Flow que muestran gráficamente los posts publicados, en borrador o programados y permiten asignar flujos editoriales; por último, las herramientas de gestión de proyectos como Trello son muy prácticas para asignar tareas y administrar los plazos de entrega de cada contenido considerando las personas que pueden estar implicadas y, por tanto, asegurarte de que las cargas de trabajo individuales no interfieran en ellos.

A la hora de rellenar el calendario, conviene tener presente las frecuencias mínimas que se consideran adecuadas en cada canal. Russell Sparkman en el Content Marketing Institute recomienda las siguientes:

- 1 vez al día: actualizar redes sociales, lista de enlaces recomendados...

- 1 vez a la semana: actualizar el blog corporativo, participar en foros o comunidades relacionadas, producir un vídeo corto...

- 1 vez al mes: enviar una newsletter, producir un podcast o vídeo sobre una conferencia, publicar un post de investigación, escribir un artículo para una revista o como guest post...

- 1 vez cada trimestre: publicar contenido más trabajado como un libro electrónico (ebook) o un informe (white paper), también un número especial de la newsletter, una serie de vídeos...

- 1 vez cada seis meses: participar en una conferencia, organizar un curso online...

- 1 vez al año: publicar un ebook o white paper sobre el sector, organizar un evento...

Cada empresa tiene sus propios recursos para asumir estas frecuencias y no son más que referencias generales. Piensa de cuánto tiempo dispones o qué recursos externos pueden ayudarte y trata de rellenar tu calendario. El resultado de este ejercicio sería una versión gráfica que te dictará, por ejemplo, publicar cada día varios tuits sobre el sector, cada martes un post sobre usos del producto, cada miércoles una story en Instagram con una encuesta, cada tercer jueves de mes una newsletter con el caso de éxito de un cliente, cada trimestre un vídeo con entrevistas en algún evento, cada año un white paper con tendencias del sector...

Dan Zarrella estudió blogs, Facebook, Twitter y newsletters para concluir en su informe "The science of timming" que cada canal tiene diferentes días de la semana óptimos. Por su parte, Argyle Social estudió el engagement de empresas B2B y B2C concluyendo que el perfil del destinatario de los contenidos (buyer persona) influye en cómo responden. Hay muchas variables para saber cuándo publicar, pero cada red social proporciona información que te ayudará a elegir el mejor momento de publicación, es decir, cuándo conseguir una mayor exposición entre tus seguidores.

Fijar una fecha y hora futura para que se publiquen los contenidos, separa la creación de la distribución de manera que se puede tratar de ajustar más al horario ideal aunque no se esté presente en la oficina para publicar. Para controlar y repartir la publicación, se pueden programar las actualizaciones, por ejemplo desde el propio WordPress y Facebook o utilizando herramientas como Hootsuite o Buffer.

Las newsletters también se pueden programar y tratar de conseguir más aperturas y clics en tus enlaces. De manera general, hay dos opciones en cuanto al momento ideal para enviarlas: quien considera los días centrales de la semana (martes, miércoles y jueves) los más adecuados y los que apuestan por los días extremos (lunes y fin de semana). Los primeros creen que el lunes es mal día porque la gente tiene el buzón lleno y no tiene tiempo para leer; los segundos opinan lo contrario y creen que cada vez más gente vacía los mensajes en casa, antes de fichar en la oficina. Para elegir el día de la semana o la hora de envío, lo mejor es testear (envíos A/B) y fijarse en las estadísticas propias.

Sobre las frecuencias máximas, el sentido común es el que determina dónde hay que poner el límite. Sí, hay blogs que publican varios posts al día igual que hay tuiteros que actualizan varias veces a la hora. La pregunta que debes hacerte es cuántos contenidos puedes producir sin perjudicar a su calidad y sin llegar a molestar a los que te siguen por acabar siendo demasiado comercial (es el tipo de contenido más sencillo y por eso del que más se abusa).

Por otro lado, en canales de consumo rápido como las redes sociales, puedes repetir tus actualizaciones de autopromoción varias veces para asegurarte de que llegan al máximo posible de audiencia pero con mensajes diferentes y que no sea lo único que publiques: sigue aportando valor que justifique que te sigan, no te repitas demasiado.

Conviene también tener presente a la hora de pensar en la frecuencia de publicación que no todas las actualizaciones deben ser sobre tu empresa. El porcentaje recomendable es del 20% de contenido propio (no necesariamente autobombo) y el resto de recomendaciones de otros. Hay quien incluso baja el de autopromoción a 1 de cada 10 publicaciones en redes sociales. El trabajo del content curator, como veremos más adelante, es básico, por tanto, para conseguir un calendario menos centrado en la empresa y más en lo que puede interesarle al usuario.

Otra forma de enfocar cuánto contenido publicar es "el riesgo" (como sinónimo de controversia, posicionamiento frente a la actualidad…) que quiere asumir tu empresa a la hora de crearlo o trabajarlo. Este planteamiento, sacado de la estrategia de contenidos de Coca-cola para 2020, se basa en porcentajes de 70-20-10%, siendo el más bajo el que puede generar más conflictos (lo que también ayuda a que se sea tendencia) y el más alto el menos problemático.

Como siempre, estos porcentajes no hay que tomarlos al pie de la letra y habrá situaciones en los que fluctuarán. Por ejemplo, en épocas de necesaria promoción, se puede invertir puntualmente el 20-80 para hablar más del lanzamiento de un producto o utilizar el 70-20-10 de otra manera como 10 de auto promo, 20 de contenido propio (que será de otros canales que también habrá auto promo) y 70% para no agotar la atención de los usuarios.

Pero aún hay un último criterio para elegir lo que tienes que publicar: intenta no aburrirte mientras escribes. Así que piensa en lo que te gustaría leer en tu blog y escríbelo. Sé egoísta de tanto en tanto, por ejemplo un 10% de las veces si lo consideras arriesgado pero planifícalo en tu calendario para no dejarte llevar por el resto de contenido. Puede que te sorprenda y descubras que hay más gente con la que comparte intereses menos corporativos.

<table>
<tr><td>En mi libro "Pilares del contenido" tienes más detalles de cómo preparar tu calendario.</td></tr>
</table>

Caso de estudio

En SSC solo habrá una persona dedicada a los contenidos por lo que la forma más sencilla de gestionar su tiempo será a través de Google Calendar que ya utilizaba como agenda de trabajo. Dedicará una hora al día que repartirá en tres bloques a lo largo de la jornada para consultar fuentes de información, redactar y publicar o programar contenidos. Para cada canal ha asignado un color en el calendario y ha establecido las frecuencias mínimas de 3 veces al día entre las diferentes redes sociales y 1 vez a la semana para el blog. Intentará hacer una vez al mes infografías alternando los temas primero sobre la empresa y luego de los planetas.

Para la fase 2 tendrá que dedicar más tiempo ya que tendrá que generar más contenidos, posiblemente al doble de tiempo como mínimo pero quizá recurra a su socio.

¿Cómo presentar una estrategia de marketing de contenidos?

Sea quien sea la persona que asuma la creación de la estrategia de marketing de contenidos de una empresa, debe plasmarla en un documento de Word, una presentación resumida en PowerPoint, un calendario editorial en Excel… un archivo que sirva para mostrar y debatir con quien ha de validarla o para informar a los empleados que deberán seguirla. A este documento se le puede llamar Guía editorial, Plan de contenidos, Proyecto de marketing de contenidos… la verdad es que no importa mucho el nombre mientras contenga indicaciones claras sobre cómo utilizar los contenidos correctamente dentro del departamento de marketing y de toda la empresa si fuese necesario.

El índice de este documento plasmaría la estrategia de marketing de contenidos ordenando las preguntas que has ido respondiendo a lo largo de este capítulo:

- **Objetivos**: qué quieres conseguir con los contenidos. Aquí se anuncia la estrategia, tácticas y metas concretas para las fases que se requieran.

- **Público objetivo**: a quién te quieres dirigir. Aquí se describen los perfiles básicos de visitantes y clientes.

- **Línea editorial**: qué quieres decir y cómo (voz y tono). Aquí se identifica la historia general y los mensajes claves que transmiten el posicionamiento.

- **Contenidos por canales**: cuáles utilizarás y cómo. Aquí se detalla el contenido para cada canal seleccionado tanto si es de creación como de curation o si se va a reciclar algo. Si fuese necesario, también la línea editorial de cada canal.

- **Calendario editorial**: cuándo publicarás los contenidos en general o en detalle para cada canal por lo que puede incluirse en el punto previo o crear el calendario del mes siguiente. Aquí se marca la frecuencia mínima deseada y las fechas aproximadas, si se ya se saben.

La extensión del documento dependerá de estos apartados, de la complejidad y duración planeada para la estrategia y de todo lo que quieras añadir como pueden ser recomendaciones para la promoción de los contenidos, la medición de tus resultados o una Guía de estilo básica. Además, conviene indicar la fecha de finalización o presentación al equipo para marcar futuras revisiones del documento.

Y es que cuando empieces a utilizar los contenidos en tu estrategia, no puedes ni debes parar. Dejar de golpe de producir contenidos no es una buena idea, aunque sientas que ya no tienes nada que contar o que los resultados no son los esperados. Si te falta inspiración, no te asustes, hablaremos de ella más adelante. Y si te da la sensación de que no estás consiguiendo lo que querías, puedes reducir la frecuencia y centrarte en mejorar o incluso valorar delegar o externalizar alguna tarea a profesionales expertos.

En mi libro "Estrategia de contenidos" tienes más opciones para completar este documento.

Caso de estudio

A modo de breve entregable de la estrategia de SSC, este es el cuadro resumen con todo lo que hemos ido viendo y también un avance de lo que veremos más adelante con los canales de filtrado y reciclaje de contenidos para tener una visión global.

	Fase 1: 8 meses	**Fase 2: +6 meses**
Objetivos	Posicionar la empresa en el mercado	Aumentar las ventas
Metas	Llenar un crucero	Llenar medio crucero con recomendaciones
Estrategia	Informar sobre el producto	Fidelizar a los primeros clientes
Público objetivo	Clientes potenciales	Clientes
Línea editorial	Nuevos horizontes espaciales: astronomía cercana, en primera persona y viajes diferentes con excursiones fuera de lo posible en la Tierra	
Creación de contenidos	Blog: cada semana, un artículo sobre cómo son los cruceros, qué se puede hacer en cada planeta… Infografías: cada mes una sobre los cruceros, los planetas…	Blog: cada 15 días, un artículo sobre por qué repetir crucero y, después del primero, serie con experiencias de los clientes Newsletter: cada mes, un resumen con las novedades en las rutas y los últimos posts YouTube y Flickr: material audiovisual de los cruceros
Filtrado de contenidos	Facebook: contenido visual sobre astronomía Twitter: preguntas sobre viaje y astronomía Paper.li: contenido sobre viajes Wakelet: historia de los planetas	Wakelet: historias de los viajeros

Reciclaje de contenidos		ebooks: cada mes uno gratuito con tuits y fotografías; cada tres meses uno a cambio del email con posts temáticos sobre planetas
Medición	Cada mes, informes estadísticos de tráfico en relación a las ventas.	Cada mes, informes estadísticos de tráfico en relación a la fidelización y de medios sociales.

Recuerda que en la fase 2 se mantiene el público objetivo de la primera fase y que se suma el de proveedores, con necesidades de contenidos que hemos ido viendo de forma general a lo largo del libro pero que aquí no hemos plasmado para simplificar el cuadro.

Y es que este cuadro se podría desarrollar y ampliar con toda la información vista en cada capítulo pero recuerda que su función es meramente académica, no pretende ser exhaustivo.

Una vez planeada, presentada y aprobada la estrategia, llega el momento de ponerte a producir contenidos, a crearlos tal y como marque el plan para publicarlos y promocionarlos y así conseguir tu situación deseada.

3. Redactando contenidos

Al pensar en redacción, la primera figura que viene a la cabeza es la del periodista. Hay varios aspectos de esta profesión necesarios para el marketing de contenidos. Algunos los apunta Ann Handley:

- Saben cómo contar una historia.

- Ponen antes a la audiencia que a la empresa.

- Simplifican.

- Dicen la verdad.

- Citan sus fuentes.

Tal y como demostró Jacob Nielsen, no se lee igual en papel (prensa escrita, revistas, libros…) que en pantalla (ordenador, portátil, netbook, tablet, smartphone…). Según sus estudios de patrones de lectura, los usuarios escanean la pantalla rebotando como un pinball o de forma más o menos estructurada: primero leen el titular, descienden por las primeras palabras de los párrafos, leen la primera línea de alguno de ellos o algún subtítulo y siguen por el margen izquierdo de la pantalla formando una línea de lectura muy similar a una "F". Las implicaciones en la redacción son evidentes: el primer párrafo es el más importante y el texto ha de incluir algo destacado para cuando los usuarios escanean la pantalla.

Es por eso que no se puede escribir igual para un medio tradicional que para publicar en la web. La redacción de contenidos para internet se denomina en inglés webwriting. Crawford Killian la definió en 2003 junto con la buena redacción digital: no consiste en coger un texto y publicarlo online sin modificar, hay que adaptarlo a las necesidades de los usuarios de internet, empezando por atender a cómo leen.

Como avance a las explicaciones posteriores, un resumen de Fran Jeanes con algunos consejos a tener en cuenta a la hora de escribir para internet:

- **Escanear la pantalla**: formatear el texto con viñetas destacando lo importante con titulares para que sea fácil de leer en un vistazo.

- **Editar**: releerlo varias veces para hacerlo más entendible, sin complicaciones.

- **Guiar a los usuarios**: mostrar el camino que deben seguir para recorrer la web con los enlaces internos correctos.

- **Decir a los usuarios lo que tienen que hacer**: hacer evidente cuál es el siguiente paso, algo propio de las llamadas a la acción.

- **Eliminar obstáculos**: dejar el contenido imprescindible y poner lo accesorio en páginas secundarias o para descargar.

- **Escribir para humanos**: optimizar para buscadores es necesario, pero sin olvidar que los lectores principales son personas con necesidades concretas que hay que resolver.

- **Decir solo lo necesario**: en la línea de los estudios de Nielsen, también concluyó que a la hora de adaptar un texto para que sea leído en internet se ha de reducir a la mitad de lo publicado en papel porque online los usuarios solo leen el 20%.

La redacción, por tanto, se ha de adaptar a la forma en la que los usuarios consumen el contenido en cada canal, también dispositivos móviles.

Cómo escribir para internet

La Red es un medio en el que se mezclan diferentes disciplinas, algunas propias y otras adaptadas. Así, las técnicas de redacción online están heredadas de la publicidad y del periodismo, aunque otras son propias del hipertexto, es decir, el canal en el que se publican.

Todas estas técnicas se relacionan entre sí para garantizar que el usuario lea el contenido e interactúe con él, ya sea comprando o explorándolo hasta que finalmente decida comprar.

Técnicas de redacción periodística

Como decíamos al inicio de este apartado, el periodismo seguramente es la referencia más directa de la redacción online y la forma de escribir para internet coge muchas de sus técnicas para conseguir facilitar la lectura en pantalla y asegurar que el lector consigue el máximo de información posible.

Cómo redactar titulares

De todo el texto, los titulares son la parte más importante, porque será lo que consiga que el contenido se lea si es un post, se vea si es un vídeo o se abra si es una newsletter. Como dice Mario Tascón en "Escribir en internet. Guía para los nuevos medios y las redes sociales" (Fundéu, 2012), a diferencia de un diario convencional donde el lector ya ha comprado un contenido, en internet debemos convencerle para consumirlo. Así que un titular debe resumir el contenido al que precede, aunque lo puede hacer de diferentes formas para lograr esos clics, si es una actualización social o esas descargas, si es un documento.

El titular es lo que genera la expectativa en la lectura, igual que el título de una película o de un libro. No mientas en el titular sobre el contenido de tus textos, así solo conseguirás visitas a corto plazo y una pérdida de la reputación que influirá muy negativamente en el largo plazo. El clickbaiting es el ejemplo perfecto: un titular que nos deja con la intriga de saber más, pero muchas veces no se resuelve. Hay páginas que hacen negocio con este engaño por las visitas generadas, aunque los usuarios acaban desconfiando de este tipo de medios.

De acuerdo con Mariano Castellblanque en "Manual del redactor publicitario" (Ed. ESIC, 2009), el titular cumple la función de:

- Atraer la atención.

- Seleccionar la audiencia.

- Comunicar un mensaje completo.

- Conducir al lector al cuerpo del texto.

Habría que añadir su valor desde el punto de vista del posicionamiento en buscadores, como veremos más adelante.

Los titulares pueden redactarse desde diferentes perspectivas. El propio Castellblanque y también Juan Rey en "Palabras para vender, palabras para soñar" (Ed. Paidós, 1997), clasifican los titulares de la siguiente forma (después de los dos puntos propuestas de ejemplo para un post que trataría sobre este mismo tema):

- Beneficio: "Con un buen titular conseguirás más visitas".

- Participación: "Descubre si titulas bien tus posts".

- Curiosidad: "¿Son correctos los títulos de tus posts?".

- Exageración: "Los mejores consejos para elegir tu próximo título".

- Novedad: "Nuevos datos sobre cómo se titulan los posts".

- Conocimiento: "Cómo titular un post".

- Interrogación: "¿Quieres titular bien tus posts?"

- Instrucción u orden: "Titula correctamente tus posts".

- Emoción: se acerca al lector por la vía de los sentimientos.

- Insólito o curiosidad: normalmente juegos de palabras.

- Clickbaiting: "Tituló así sus posts y te sorprenderá qué consiguió".

- Testimonio: da credibilidad e identificación con la audiencia.

Ya ves que muchos pueden combinarse y, de hecho, es una manera de definir el estilo porque muchos redactores tienden a utilizar una manera de titular por encima del resto. Por eso, otra forma de entender el título es verlo como una forma de conseguir inspiración, ya que de un mismo tema podrás escribir diferentes contenidos si sigues los tipos de titulares anteriores que tienen enfoques tan diferentes. Por ejemplo, si quieres escribir para promocionar un evento, puedes elegir alguno de los titulares y jugar con ellos hasta encontrar el tono adecuado para tu post.

Cómo redactar párrafos

Un párrafo es la unidad más grande dentro de una página y tiene una entidad propia. La forma de conseguirlo es asegurarse de que solo se desarrolla una idea en cada párrafo, tal y como recomienda Nielsen. Eso implica que el contenido resultante sea bastante modular, lo que permite al lector tener las ideas claras aunque no lea el texto completo. Es por esto que has de intentar que las ideas de cada párrafo estén relacionadas entre sí para que el usuario pueda seguir tu hilo argumental hasta el final, donde se suele situar la llamada a la acción.

Si utilizas las técnicas periodísticas de la pirámide invertida y de las 6W, te será más fácil escribir los primeros párrafos, tan importantes para motivar al usuario a que siga leyendo. La primera consiste en poner arriba lo importante, en otras palabras, escribir el primer párrafo como si fuese el único, porque solo hay una oportunidad de llamar la atención del lector.

La segunda consiste utilizar las 6 preguntas de una entradilla (o lead) para rellenar ese primer párrafo: quién (who), qué (what), dónde (where), cuándo (when), por qué (why) y cómo (how). Con estas preguntas en mente, tu primer párrafo cumplirá con la misión de atraer para continuar la lectura.

Al afrontar el cuerpo del texto, debes recordar que en pantalla se lee poco, por lo que no puedes complicar en exceso el texto. Para evitarlo, combina la regla KISS del acrónimo de "Keep it simple (stupid)" con el chunking. En redacción, este concepto se puede traducir por trocear el contenido para hacerlo más fácil de leer y, por tanto, de entender. Esta técnica se puede aplicar a párrafos, frases o palabras y consiste en reducir esas piezas a la mínima expresión: menos frases por párrafo, menos palabras por frase, menos sílabas por palabra. Menos es más y más aún si lo que queda es sencillo.

Es posible que no prestes atención a los párrafos cuando estés escribiendo, sobre todo si practicas la escritura libre. Pero, al igual que con el titular, puedes editarlos y dedicarles un rato antes de publicar para asegurarte de que su estructura interna es correcta antes de jerarquizarla.

Cómo organizar visualmente el texto

El diseño de la página depende de los márgenes, la justificación o el interlineado. Pero depende del redactor preocuparse de la extensión de cada párrafo. Para cumplir con la regla de una idea por cada párrafo, no hace falta que cada uno tenga el mismo número de frases o de palabras, al contrario, trata de construir párrafos irregulares, de diferentes tamaños. Mezclar alguno más largo de 4 o 5 frases, con otros más cortos de 2 o 3, para darle más dinamismo visual a la página y, a la vez, fuerza a tu mensaje. Esto es clave en textos que van a leerse en dispositivos móviles ya que el ancho de la pantalla puede hacer que parezca un bloque compacto y aleje al lector.

También el diseñador elige la tipografía (tamaño, color…) pero el redactor puede trabajarla para mejorar la comprensión del contenido. El formato es la manera más fácil para destacar frases o palabras concretas:

- Los titulares, subtítulos o entradillas: cambian el tamaño de las frases.

- La negrita: aumenta el grosor de las letras.

- Los enlaces: cambian el color y/o el subrayado de palabras.

Todo esto facilita el escaneo del texto y permite al usuario llevarse una primera impresión del contenido, ya que se establece una jerarquía visual para centrarlo en lo más relevante del conjunto del texto. Una forma de practicarlo es usar las negritas para resumir la idea principal de cada párrafo y, si alguien leyese únicamente esos destacados, tendría una imagen completa de todo el artículo.

Trata con cuidado el formato, si quieres destacar mucho, no conseguirás destacar nada y, si mezclas todos los elementos, el lector perderá por completo la noción de qué es importante y qué es secundario. Evita marcar en negrita párrafos enteros, el cambio de color del texto sin motivo, el subrayado sin que sean enlaces o, siendo extremistas, las cursivas en negrita, subrayadas y de otro color.

Por otro lado, lógicamente, también puedes utilizar imágenes, gráficos, tablas, banners textuales o cuadros destacados para dirigir los ojos del lector a dónde desees, aunque los diseñadores gráficos tienen más que decir aquí que los redactores.

Técnicas de redacción publicitaria

Si hay una disciplina especializada en la persuasión esa es la publicidad (por no entrar en política). Ya sea con argumentos racionales o con sentimientos y emociones, consigue transmitir los valores de una marca a través de los textos. El copy publicitario deja paso al corporativo cuando el texto se publica en páginas web, pero el objetivo es el mismo: vender un producto, una marca. Si la persuasión es el arte de hacer que el usuario haga algo, la redacción persuasiva no tiene razón de ser sin un objetivo, una meta a conseguir. Y ésta se logrará más fácilmente si antes la empresa se ha ganado la confianza del usuario.

La credibilidad es un factor determinante para conectar con el usuario y conseguir que se fíe de una empresa. De acuerdo con Jay Conger en "The Necessary Art of Persuasion" (ed. Harvard Business Review, 1998), para poder hacerlo hay que conocer cómo se sienten los usuarios para ni exagerar ni ser demasiado distante en la forma de comunicar: con números no se produce impacto emocional pero las historias sí lo hacen. Por eso él habla, más que de convencer y vender, de aprender y negociar.

Cómo persuadir con las palabras

La retórica es el arte de la persuasión, de expresarse o comunicarse correctamente para persuadir a quien escucha, o a quien lee, si se considera la redacción como una transcripción de una charla. Brian Clark recopiló en CopyBlogger 10 técnicas de redacción persuasiva que una empresa puede utilizar en sus textos para conseguir algo de los lectores:

- **Repetir**: en un entorno literario, utilizar figuras retóricas de repetición como la aliteración o la anáfora sirve para referenciar sonidos o recalcar palabras. En un entorno corporativo, lo que se repite es la Idea (sí, con mayúsculas) mediante varios formatos.

- **Comparar**: más recursos literarios porque las metáforas, símiles y analogías, opina Clark, son los mejores amigos de los escritores. Y no solo para comparar cosas que se parecen, sino aquellas que no son tan iguales.

- **Argumentar**: buscar las explicaciones obvias y las que no lo son tanto. El usuario siempre tendrá alguna por descubrir. Por ser la técnica más evidente es la más recurrente.

- **Justificar** (reason why): aclarar los argumentos con un "porque…" es la manera más fácil de convencer. Es como escribir para niños que siempre preguntan "¿y por qué?" pero sin el efecto autoritario del "porque si no…".

- **Empatizar**: demostrar al usuario que se siente la misma pena que él, eso sí, después de haberle provocado ese mismo "dolor" con el texto. La solución solo será creíble y logrará persuadirle si antes has demostrado que le entiendes.

- **Coherencia**: es una cuestión de confianza, fácilmente entendible si extiendes la redacción a medios sociales. Lo que escribas ahí y en tu web corporativa siempre tiene que seguir tu línea editorial.

- **Pronosticar**: de nuevo entra en juego la credibilidad para convencer o persuadir al usuario de que tienes una bola de cristal que predice el futuro, y se cumple.

- **Terceros** (social proof): usar las palabras de otras personas, como testimoniales de clientes o menciones sociales, ayuda a convencer a los usuarios de que lo que dices es cierto.

- **Invitar** (go tribal): ofrecer al usuario algo que es exclusivo y limitado resulta una buena forma de persuadirle a que haga algo.

- **Storytelling**: contar una historia es posiblemente lo más persuasivo que hay, y combina fácilmente con la mayoría de técnicas explicadas. Aunque es la opción más difícil.

Desde la antigua Grecia, la retórica establece tres modelos de persuasión: lo racional (logos), lo emocional (pathos) y lo moral o de comportamiento (ethos). Este arte, por otro lado, tiene en cuenta la composición de un discurso completo, desde que se piensan los contenidos (inventio), se estructuran (dispositio) y se exponen (elocutio). Utilizar estos conceptos en la redacción corporativa es aún posible porque no se puede persuadir a nadie sin haber preparado previamente un buen texto que esté pensado de principio a fin, es decir, desde el primer contacto que se tiene con el usuario hasta que realiza la compra final. La persuasión guía al usuario por el camino que ha de seguir para conseguir los objetivos corporativos.

Cómo llevar de la atención a la acción (AIDA)

El método más recurrido para llamar la atención (A) en el mundo online es muy similar al de las flores: los colores llamativos atraen a los insectos. Las luces de neón de antaño son ahora banners y las noticias, en lugar de ser anunciadas a gritos de "Extra, extra", llegan a los lectores de feeds o a la bandeja de entrada del correo electrónico (A).

Cientos de tiendas se pelean en la calle (internet) por despertar el interés (I) del peatón. Pero no de todos en general, la calle también está segmentada y cada escaparate (web) atrae a un tipo de peatón (usuario). Éste puede tener una necesidad previamente detectada o no, en cuyo caso habrá que crearla con diferentes técnicas como pueden ser carteles de "Rebajas" u "Oferta". Entra en juego entonces el texto.

El peatón entra en la tienda (web) y el dependiente (copy de la web) saca sus mejores argumentos de venta para provocar el deseo (D). Que si es lo último que le ha entrado en el almacén, que si qué bien le sienta, que si sale bien de precio, que si da buen resultado… de la experiencia del vendedor dependerá encontrar lo que quiere oír el futuro comprador.

Con esa base, le será fácil conseguir la acción (A), es decir, a la compra. Si el dependiente hace bien su trabajo, al final del día el peatón estará feliz, sin importarle si al salir de casa esa mañana esperaba comprar algo o no.

Del acrónimo de atención (A), interés (I), deseo (D) y acción (A), surge la técnica AIDA según la cual el usuario pasa por estas etapas entre que conoce algo y se decide a actuar. Hay muchas formas de llamar la atención y no todas pasan por el contenido, por ejemplo, los banners son lo más habitual en internet.

Cómo llamar a la acción

Una llamada a la acción o call to action (CTA) es una petición directa al usuario para que haga algo. La más habitual tiene forma de botón, destaca en cuanto a color y diseño, parece clicable y para hacerla aún más evidente incluye alguna palabra inequívoca como "aquí" o "ahora" acompañando el imperativo "haz clic" o cualquier sinónimo ("regístrate", "descárgate", "compra", "comparte"...). El destino más habitual de una llamada a la acción es una página específicamente pensada para atender a esa respuesta (landing page como veremos más adelante) aunque puede ser simplemente una que continúe con el recorrido que se haya establecido en la web. Para construir una llamada a la acción que funcione, has de contestar algunas preguntas:

- ¿Cuál es el objetivo de esa página o de ese post en concreto? No pienses solo del sitio web en general, sino de cada una de las páginas que lo componen y en cada una de las actualizaciones que hagas en redes sociales.

- ¿Qué quieres conseguir del usuario? Recuerda el objetivo general de tu estrategia.

- ¿Qué debería hacer el usuario después? No dejes de pensar en lo que pasa después de consumir ese contenido.

- ¿Cuáles son los próximos pasos que quieres que siga? Has de orientarle, guiarle por el camino hacia el objetivo.

No conviene excederse en el número de CTA de cada página (una o dos es suficiente) ya que puedes desorientar al usuario en lugar de guiarlo hacia la compra. Cuando el usuario no sabe qué camino ha de seguir acaba utilizando el botón "Volver" de su navegador o, en el mejor de los casos, el menú principal de navegación. Y, al revés, las palabras han de convencer a quien las lee, no imponer opiniones. Si tu discurso le ha generado confianza, le llevarás al lugar correcto en un par de clics.

En HubSpot dan algunos consejos en cuanto a la redacción de las llamadas a la acción:

- Usar verbos activos.

- Hacer preguntas directas.

- Incluir números para ser más específico.

- No usar adverbios.

- Utilizar palabras prácticas para enfatizar beneficios.

- No extenderse, quedarse entre 90 y 150 caracteres.

- Ser claros respecto a lo que pasará o se conseguirá al clicar.

- No dejar escapar al usuario, que no se pregunte por qué ha de hacer clic en ese momento.

Las llamadas a la acción suelen situarse al final de la página, del blog o de un ebook como lugares en los que el usuario mirará después de leer todo el contenido. Pero, de hecho, cualquier actualización en redes sociales podría tener o ser una llamada a la acción que invitase a la participación, a compartir, a clicar o a visitar la web corporativa.

Técnicas de redacción hipertextual

Internet y la redacción hipertextual se basan en los enlaces, en la libre navegación del usuario de página a página. La falta de linealidad de la web obliga a las empresas a guiar al usuario, incluso al recomendarle que visite otra web. Los enlaces son para ir más allá, para seguir leyendo y profundizar más, para conocer ideas nuevas, para ver otros puntos de vista… no son para quedarse en la "superficie" de una sola página.

Un enlace tiene dos partes: el texto (o anchor text) sobre el que clicará el usuario y la URL o página de destino a la que llegará (atributos como "no follow", "title" o "target" serían específicos de SEO). Los dos componentes han de describir tu contenido pero sobre todo el texto ya que poca gente se fija en la barra de estado del navegador para saber dónde irá cuando haga clic (y con los acortadores de enlaces es aún más complicado). Además, a la mayoría de usuarios no le importará mucho si es a una página del mismo sitio o a otro.

Cómo redactar un enlace

Un buen redactor web integra los enlaces en el propio texto sin necesidad de recalcarlos expresamente. El diseño se encarga de evidenciarlos gráficamente con otro color o subrayándolos pero el texto no necesita modificar su discurso para hacerlos evidentes. El ejemplo típico a evitar es el "aquí", tan recurrente como vacío de significado. No hace falta poner "haz clic aquí" para conseguir un clic si el enlace está bien descrito. Ante la duda de dónde situar el enlace dentro del texto, la opción más recurrente es el nombre propio de la persona/del medio que lo publica o el titular de la información. Quienes no quieren complicarse, pegan directamente el enlace en el texto sin preocuparse de describirlo, lo cual no es una buena práctica. Otros ejemplos utilizando el subrayado para señalar donde iría el enlace:

- "Haz clic en este enlace para suscribirte a mi newsletter sobre marketing de contenidos: https://www.marketingdecontenidos.es": permite leer la dirección web de destino pero la frase es muy larga.

- "Haz clic en este enlace para suscribirte a mi newsletter sobre marketing de contenidos" o su variante "Haz clic aquí para suscribirte a mi newsletter sobre marketing de contenidos": se pide el clic sin saber aún por qué hacerlo, es decir, se obliga al usuario a volver sobre sus pasos para encontrar de nuevo el enlace.

- "Haz clic para suscribirte a mi newsletter sobre marketing de contenidos": el enlace está bien situado pero el inicio de la frase es innecesario.

- "Suscríbete a mi newsletter sobre marketing de contenidos": al destacar toda la frase no se invita al clic, aunque tendría sentido si es un botón o imagen gráfica.

- "Suscríbete a mi newsletter sobre marketing de contenidos": se refuerza la acción que debe hacer el usuario pero sin explicarle a qué se ha de suscribir.

- "Suscríbete a mi newsletter sobre marketing de contenidos": la mejor opción ya que describe el enlace (para el usuario y también para SEO) y la frase es directa y clara.

El enlace es un factor tan importante dentro de la redacción online que Gerry McGovern en "Killer web Content" (ed. A&C Black, 2006) recomienda construir las frases en función de él y considerarlos como pasos dentro de una tarea que se ha de completar, es decir, la acción final como puede ser la llegada al formulario o a la página objetivo.

No creas que si no haces muy evidente el enlace perderás visitas a las páginas de destino o, al contrario, que estás alejando a tus usuarios ofreciéndoles visitas a enlaces externos. Hay que confiar en que el usuario valorará la información dada y aumentará tu imagen de empresa experta del sector como veremos al hablar del content curator.

Cómo enlazar internamente

Los enlaces internos son la guía que ha de seguir el usuario para no perderse entre los contenidos. Tus mayores enemigos son los botones del navegador: cuando un usuario los utiliza para moverse por una web es porque está perdido y, por lo tanto, también pierde la empresa. Si no sabe dónde ir después de leer algo puede que le falte algún enlace para seguir el camino que debías haber definido.

En la web o el blog corporativo, no es necesario enlazar a tu página principal siempre que salga el nombre de tu empresa, pero sí que se debería hacer con nombres de producto, categorías relevantes del blog o páginas como las de contacto que tienen importancia estratégica.

Hay que tener en cuenta que no puedes saber por qué página entrará el usuario en tu web, debes intentar encauzar su recorrido posterior sin saber cuál ha sido el anterior. Aunque haya menús o guías de navegación como pueden ser las llamadas migas de pan (breadcrumbs) o hilo de Ariadna, dentro del texto también puedes enlazar a cualquier sección o página relacionada. El objetivo es situarle y que pueda decidir si seguir o retroceder.

Si en la web el recorrido que normalmente hace el usuario imitaría el proceso de compra, en medios sociales lo que importa es la relación entre temas, sin importar el momento de publicación. Es por esto que, en el caso de un blog, enlazar a posts antiguos aún está más justificado porque no sabes cuánto tiempo hace que el usuario te sigue o si leyó o recuerda aquella publicación que hiciste hace días o meses.

En ambos casos, los enlaces internos te ahorrarán redundancias entre páginas pero tampoco es necesario esconder información a varios clics de distancia: resúmelo en una línea y enlaza a la página que tenga el resto del contenido. Si los enlaces externos sirven para complementar la información, los internos para orientar al usuario dentro de esa ruta. Si todos los caminos llevan a Roma, el final de tu web debe conducir a la compra de tu producto o a la contratación de tus servicios.

Cómo enlazar externamente

Es indiscutible que las fuentes deben citarse y enlazarse. Añadir enlaces es una obligación, un requisito indispensable para que se pueda confiar en un texto. Un artículo que incluya un "según..." sin que éste vaya acompañado de una cita correcta es difícilmente creíble y los datos quedan sin contrastar o ampliar porque no tienen enlace. Construir una relación de confianza con el usuario empieza por enlazar para permitirle ampliar la información que le des.

Es un error creer que los lectores huirán en el primer enlace y no volverán. Al contrario, regresarán a por más. No escondas los enlaces al final de los posts obligándoles a leer todo tu artículo antes que el original. No tengas miedo de enlazar en los primeros párrafos o donde corresponda dentro de la frase. Olvida eso de "Sitio oficial" y enlaza el sitio con su nombre, directamente y sin esperar a la última línea del post para recomendar su lectura.

Y tampoco juegues a engañar al lector con enlaces internos que parecen externos (por ejemplo, un post que enlaza el nombre de una empresa a una lista de posts con esa etiqueta en lugar de la página de la empresa). Aunque sí es recomendable enlazar posts propios sobre el mismo tema, no hace falta que los aproveches todos para retener al lector en lugar de para ayudarle a encontrar más datos sobre el tema. El usuario es quien decide volver a un sitio, no hay que engañarle para que se quede (en el ejemplo anterior, añade una lista de "Artículos relacionados" que sí lleven a tu blog).

El valor de un post se mide tanto por la opinión del blogger como por la selección de referencias. Además, un enlace sigue siendo una forma de agradecer la inspiración que te ha permitido escribir ese post. De esta manera también seguirás la acertada sugerencia de Jeff Jarvis de cubrir con tu texto lo que conoces y enlazar al resto. Aunque se refería a noticias, también sirve para posts.

En cuanto a páginas corporativas, es poco común que tengan enlaces externos que no sean a webs de proveedores, noticias de medios digitales o mapas de situación. Pero si vendes tus productos online, aprovecha los contenidos creados por los usuarios (UGC) y enlaza a sus comentarios para hacer la página más social y fresca. De nuevo, no creas que por incluir un enlace externo el usuario nunca volverá.

Redacción de páginas web

La web corporativa, por pequeña que sea la empresa, sigue siendo el lugar en el que vender tus productos o servicios, es tu catálogo aunque no tengas un negocio de venta online. Para que tu web sea realmente el centro de tu presencia online, debe tener tantas secciones, subsecciones y páginas como sean necesarias para reflejar tu realidad.

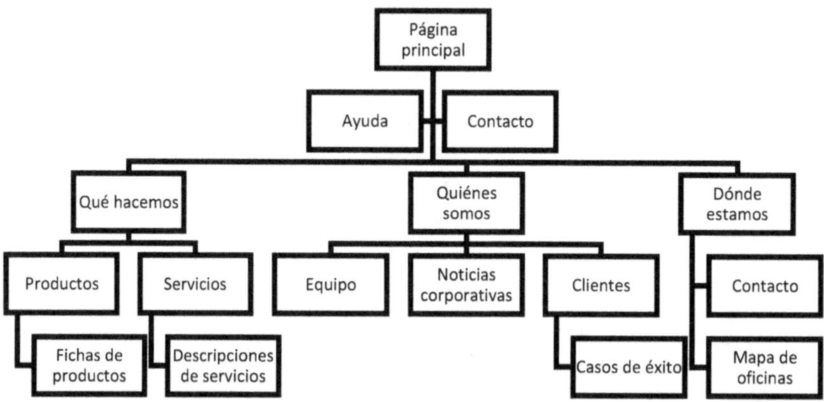

Figura 3: Árbol de contenidos de una web. Fuente: la autora.

La representación gráfica de la web se denomina árbol de contenidos (equivalente al índice en un libro) y en ocasiones es una página de consulta abierta a los usuarios (mapa web). En él se muestra jerárquicamente cada sección y su dependencia de la página principal (o home). Ofrece una imagen global del sitio y permite ver la complejidad de la página ya que se pueden contar los clics que deberá hacer el usuario hasta llegar a su página de destino.

Como indica Erin Kissane en "The Elements of Content Strategy" (Ed. A book apart, 2012), no importa si tienes poco contenido porque mucho hace que sea más difícil de encontrar, gestionar, promocionar y mantener la calidad. Recomienda, además, que resistas la tentación de mostrar a tus clientes todo lo que haces para no extender su lectura hasta documentos técnicos o aquellos que ni tus compañeros leerían.

Lo importante al crear el árbol de contenidos de un sitio web es la navegación deseada, es decir, la creación de enlaces internos que guíen al visitante de esa página a la ruta que hayas definido como óptima dentro del proceso de compra.

Cuanto más grande sea tu empresa, más tendrás que mostrar pero, para saber cuánta profundidad debe tener tu web, responde a esta pregunta: ¿cuál es el objetivo de tu página y de cada una las páginas que la conforman? Las respuestas más básicas y, por tanto, las secciones imprescindibles de cualquier página web corporativa son:

- Que nos conozcan: sección Sobre nosotros.

- Que sepan qué ofrecemos: sección de Productos o Servicios.

- Que nos encuentren: sección de Contacto.

A partir de aquí, puedes complicar la web con nuevas secciones o subsecciones cuanto quieras siempre que siga siendo usable. Por ejemplo, mostrar a los usuarios tu experiencia (sección "Clientes"), ayudarles (sección "Preguntas frecuentes") o incluso avisarles de las condiciones de uso (sección "Aviso legal").

Productos y servicios

Las páginas "Productos" o "Servicios" dan respuesta a "¿Qué hace esta empresa?" o "¿qué vende?" por eso deben ser más que una versión digital del catálogo de productos que ya puedas tener en papel. Debes explicar qué ofreces más allá del producto o servicio, es decir, cuál es tu valor añadido y tu diferenciación respecto a la competencia. Recuerda lo que hemos visto al hablar de línea editorial y de tu historia: sin ésta información, tu página no destacará por encima del resto de empresas de tu sector.

La página de productos, sobre todo en tiendas online, suele crearse a partir de fichas estándar con los datos objetivos como pueden ser características más o menos técnicas (cómo es), funcionalidades (qué hace), fotografías y el precio de cada artículo. Pero aunque esta información es imprescindible, la descripción de los productos debe incluir los beneficios del uso de ese producto (qué se consigue).

Tu texto ha de mezclar lo emocional y práctico con lo racional para convencer al usuario estableciendo una conexión con él, persuadiéndole. Estos textos pueden ser verdaderos copys publicitarios que dan valor al producto y lo venden siguiendo los mensajes corporativos marcados.

Brian Clark de Copyblogger recomienda seguir 4 pasos para conseguir extraer los beneficios de las funcionalidades:

- Haz una lista con todas las funcionalidades y redúcelas a las que sean más atractivas para el usuario.

- Repasa qué hace cada una de ellas y por qué las incluiste en el producto o servicio.

- Pregúntate qué tienen de especial para conectar con los deseos del usuario y cómo lo hacen.

- Averigua qué significan para el usuario a nivel emocional.

Un ejemplo para ver estas diferencias es el de un coche: que consuma poco es una característica; que te lleve de un sitio a otro sin repostar muchas veces es una funcionalidad consecuencia directa de esa característica; que llegarás antes a su destino vacacional porque parará menos es un beneficio resultante de interpretar la funcionalidad desde el punto de vista del usuario.

Para completar la ficha con contenidos de otros canales, puedes incluir referencias a preguntas frecuentes o casos de éxito relacionados, pero también a posts del blog o galería de fotos en Facebook. Además, para hacerla más social, añade las opciones de comentar y compartir de manera que los usuarios puedan explicar sus propias experiencias en la web o a sus contactos. Y, si tu negocio se presta a ello, facilita que los usuarios publiquen directamente en la web contenido (UGC) como pueden ser fotos de ellos utilizando el producto o recomendaciones personales de uso para demostrar sus vivencias a modo de testimoniales.

Por otra parte, una página de servicios también puede crearse a partir de fichas similares a las de productos con la diferencia que muchas empresas guardan en secreto cómo trabajan y los precios de sus servicios. El miedo a ser copiados por la competencia es la excusa habitual pero en servicios es recomendable incluir una aproximación porque te ayudará a filtrar a los leads dejando fuera los que no consideren contratar un determinado presupuesto (aunque luego se negocie, claro).

Si tienes varios productos o servicios, desde un punto de SEO pero también para asegurarte de explicar convenientemente los beneficios de uso del producto para los diferentes perfiles de visitantes, es mejor utilizar una página para cada uno de ellos y centralizarlos en una que los resuma (distribuidor). De esta manera, si te piden información concreta, podrás enviar a los usuarios a esas páginas individuales que serán lo más completas posibles. Esto también te permitirá medir estadísticamente el interés en cada uno de ellos.

Sobre nosotros

La página más corporativa de tu web es "Sobre nosotros" o "Acerca de" ("About us"). Sirve para dejar bien claro y por escrito para que todo el mundo lo vea "¿quién hay detrás de esta marca?" o "¿cuál es su modelo de negocio?". Si bien esta autodefinición es importante y suele hacerse de forma seria y formal, el usuario debe poder encontrar la respuesta indirecta en el resto de contenidos de la web ya que tu personalidad siempre debe reflejarse en lo que escribas. De esta forma otra pregunta que queda resuelta es "¿qué se puede esperar de esta empresa?".

La información mínima que debe incluir una sección "Sobre nosotros" puede escribirse en una página. En el caso de webs de autónomos, equivale a la trayectoria profesional pero cuanto más grande sea la empresa, más subsecciones puede tener:

- **Equipo**: humaniza a tus empleados, que el usuario sepa quién hay detrás de los correos que envía la empresa. Muéstrales trabajando en su espacio habitual o haz fotografías de estudio, deja que el futuro cliente les ponga cara.

- **Socios o accionariado**: suele ser necesario dar visibilidad a las personas que han invertido en la empresa. Si es así, explica por qué al usuario le tendría que importar o cómo le afecta. No te quedes con los logos o los porcentajes de participación, también cómo han ayudado a hacer posible un determinado producto.

- **Historia**: explica más allá de las fechas los momentos importantes que te han llevado a crear la empresa y los productos tal y como son ahora. Si hace falta, con la historia personal de los socios.

- **Notas de prensa**: un repositorio de este tipo solo está al alcance de empresas grandes pero las pymes también pueden crearlas, no tanto para distribuirlas a los medios, sino como forma de comunicación con los clientes.

Conviene evitar discursos corporativos y palabras redundantes o vacías como "empresa líder" o "equipo multidisciplinar". No olvides una dosis de complicidad para resultar humano, cercano y comprensivo de los problemas de tus usuarios.

Clientes, casos de éxito y testimoniales

La sección de los logotipos por excelencia es la página dedicada a

"Clientes", muy conveniente para un diseño sencillo pero poco útil para los usuarios. Quienes visitan esta página esperan encontrar nombres conocidos, ya sea por ser grandes empresas o por destacadas del sector donde ellos trabajan. Pero una lista ordenada alfabéticamente es difícil de leer. Destacar los últimos encargos o las empresas más relevantes de forma gráfica es una solución rápida pero crear una página para cada uno de ellos explicando qué has hecho en cada caso es un contenido de más valor que convence más que únicamente un logotipo.

Si, no puedes incluir nombres por motivos de confidencialidad, escribe los casos ocultando las referencias que podrían descubrir su identidad, o realiza ejercicios de muestra con empresas que no existan pero que aun así puedan servir de referencia.

El motivo más importante para incluir historias de clientes, casos de estudio o de éxito (success stories o case studies) como ejemplo de lo que una empresa puede hacer por los futuros clientes es la confianza que genera saber que ese producto o servicio está probado y consigue lo que el usuario también está buscando. Este tipo de contenido da veracidad al producto o servicio con ejemplos en situaciones reales en las que también tu público objetivo puede encontrarse. Es por esto que deberían situarse cerca de esas secciones o enlazadas desde la ficha individual si es que los casos están en la sección "Sobre nosotros".

Un caso de estudio suele tener tres apartados que describen el problema y cómo se ha solucionado:

- Definición de la situación del problema del cliente antes de comprar o contratar tu empresa. Desde su punto de vista es el **Reto** a conseguir.

- Acciones llevadas a cabo para superar el reto inicial. Son las **Soluciones** pero no se trata solo de explicar que tu producto es la solución sino de detallar por qué lo es.

- Beneficios tangibles conseguidos por el cliente por haber utilizado tus productos pero sobre todo que estén alineados con los ya explicados en la sección de producto. Si tienes datos estadísticos o económicos, los **Resultados** se comprenderán mejor.

A la hora de diseñarlo, añade testimoniales o declaraciones de los clientes satisfechos para poner nombre propio al caso. Si puedes, hazlo más visual con fotografías del antes y del después o del proceso llevado a cabo. Y no olvides incorporar llamadas a la acción que vinculen ese caso con lo que podría conseguir el usuario si contacta con tu empresa.

Los casos de éxito pueden escribirse internamente después de que el cliente dé su consentimiento y, la mayoría de las veces, conteste algunas preguntas adicionales. Nunca los publiques sin su permiso. Por ejemplo, los testimoniales pueden redactarse y después validarlos con el cliente, solicitarlos o recoger los que puedan haber publicado ya en medios sociales (Twitter es un buen lugar). Tal como apunta Scott Stratten en "UnMarketing: Stop Marketing. Start Engaging" (ed. John Wiley & Sons Inc., 2010), no por ser una frase de alguien desconocido será menos creíble.

Página de contacto

Aunque normalmente la información de contacto está destacada en todas las páginas de la web ya sea en la cabecera o el pie, en una página detallada puede incluirse más información que una cuenta de correo genérica, la dirección de la oficina central o un teléfono:

- Formulario de contacto para asegurarse de que el usuario te contacta con toda la información que necesitas saber de él. Para evitar contactos recurrentes, una página de "Ayuda" puede recoger las dudas más habituales o frecuentes.

- Datos de contacto de los principales departamentos (Atención al cliente, Prensa, Publicidad…) y de sus responsables.

- Mapa de situación de todas las oficinas con los datos completos. Si tienes tiendas, añádelas al mapa de Google.

- Usuario de Skype, WhatsApp, chat o la mensajería instantánea que utilice la empresa o tus departamentos para una respuesta rápida.

- Perfiles en medios sociales por si prefieren enviarte un mensaje privado desde alguna de ellas.

En el árbol de contenidos, la página de contacto suele estar asociada a la página "Sobre nosotros" aunque tiene tanta importancia para la empresa que se la destaca en los menús de navegación como una sección principal.

Landing pages

La definición de landing page hace referencia a las páginas en las que llega (aterriza) el usuario desde una página externa debido a una campaña o acción de marketing como puede ser un banner, un anuncio de AdWords o un enlace en un correo electrónico promocional. La página de destino suele llevar asociado un formulario para recopilar los datos del usuario, por ejemplo, descargar un documento, registrarse a un webinar, solicitar una demostración o simplemente rellenar un formulario solicitando más información sobre el producto.

Estas páginas están especialmente enfocadas a convertir esas visitas en clientes ya que se ha tenido que pagar por conseguir que el usuario aterrizase desde esa campaña. De acuerdo con lo que apunta HubSpot en su ebook "An Introductory Guide to Building Landing Pages", los elementos que debería y no debería tener una landing page son los siguientes:

- Un titular y un subtítulo son imprescindibles para mostrar el valor de la página.

- Una descripción que no sea muy larga, con referencias a la página que les ha hecho llegar a ésta y que incluya los beneficios básicos en viñetas.

- Botones para compartir en medios sociales para dar a conocer la página.

- Un par de llamadas a la acción claras, dirigidas directamente a que el usuario complete el registro.

- El menú de navegación no es necesario ya que puede distraer al usuario.

Añadir una imagen o un vídeo, jugar con el formato, botones y diferentes tamaños de letra hacen la página más atractiva. Además, también hay que pensar en el SEO y optimizarla con palabras clave. Cuando el usuario llega a una página desde buscadores o por la recomendación social, también puede considerarse un aterrizaje porque, aunque no se vayan a recoger datos mediante un formulario, el usuario puede llegar sin saber nada de la empresa.

En la redacción hipertextual, el orden de lectura lo define el lector, no el redactor o la empresa dueña de la web. El visitante elige la página de entrada y no siempre es la principal. Todas las páginas son importantes porque el usuario puede aterrizar en la que sea: cualquier página es una landing page y debe cuidarse como si fuese necesario rentabilizar el coste de la inversión.

Ayuda

No todas las empresas necesitan una página de "Ayuda" al usuario, pero sí empresas con tiendas online o con servicios que implican registros online porque han de solucionar los problemas del usuario en cualquier momento durante el proceso de compra, registro o simplemente en su uso online.

El microcopy es un elemento importante de ayuda ya que sirve para:

- **Señalar el camino** que debe seguir el usuario en la web, desde menús de navegación a llamadas a la acción.

- **Ampliar la información** solo en caso de necesitarla, lo que evita sobrecargar la página de contenido poco relevante para los usuarios en general.

- **Evitar malas interpretaciones** o errores provocados por la escasez de espacio a la hora de explicar una idea.

- **Destacar** por encima de otras empresas.

Este tipo de mensajes se incorpora a formularios, páginas de error y mensajes para ayudar al usuario a navegar por la web.

Preguntas frecuentes

Una página en la que se dé respuesta a las dudas más comunes que tienen tus posibles clientes es una buena herramienta para decantar la balanza hacia el sí quiero del visitante y además atraerá tráfico. Las preguntas frecuentes (o FAQ del inglés Frequently Asked Questions) sirven para eliminar los últimos frenos que puedan tener a comprar o contratar y, a la vez, para los que ya son clientes y tienen alguna duda concreta sobre el uso del producto. A la hora de escribirlas, por tanto, hay que pensar en las diferentes personas que las utilizarán.

Conocer el perfil de tus usuarios te ayudará a confeccionar esta lista para lo que puedes recurrir a quienes están en contacto con ellos. Así, para empezar a crear la lista de preguntas de esta página, pide la colaboración a tu departamento de atención al cliente ya sea presencial, online o telefónico: ventas, recepción, call center, formulario de contacto, comentarios en medios sociales... Esta página debería estar frecuentemente revisada para estar al día de las necesidades de los usuarios.

A la hora de redactar las FAQ, recuerda que este contenido se indexará por buscadores así que puede ser una forma de que los usuarios lleguen a tu web. Piensa de manera amplia, no solo en tu empresa también en el sector en general. Por ejemplo: además de explicar los pasos en el registro de un producto que se aloja en la nube también puedes explicar las ventajas de trabajar en la nube o, para cubrir todos los niveles, qué es la nube.

Otra manera de considerar la página de FAQ es que se trata de una nueva oportunidad para reescribir los beneficios o la descripción del producto de manera aún más clara y directa para que no quede ninguna duda en el posible cliente que tienes la solución que está buscando a su problema.

Cuando la lista es muy larga, conviene agrupar las preguntas por temas para facilitar el acceso. Si hay muchas y las respuestas son complejas, un buscador resultará aún más práctico. Si, además, incluyes otros recursos estarás creando un centro de conocimiento (knowledge base). Aun así es posible que queden preguntas sin respuestas así que considera incorporar un formulario o email específico en esta sección.

Páginas 404

Las páginas 404 se muestran al usuario que trata de visitar un contenido que ya no existe en el servidor. Como mensaje estándar se utiliza "Página no encontrada", sin mayores explicaciones. Los usuarios que llegan a ver este error no deberían ser muchos, pero como el resto de páginas, sirve para describir la personalidad de la empresa y por eso debe personalizarse.

Un mapa de la web y/o un buscador son dos elementos que ayudarán al usuario a reencontrar el camino hacia la página que buscaba... pero, ¿y si conviertes una experiencia frustrante en algo memorable? Puedes utilizar una imagen divertida o un juego de palabras que al menos no hagan al usuario huir de tu web.

También puedes incluir enlaces a las secciones principales o, en un blog, a los posts más visitados para indicarle un camino alternativo al que buscaba.

Es evidente que no es una página prioritaria en el conjunto del sitio web pero dedicarle un tiempo puede mejorar la experiencia del usuario... y hacer que éste incluso se lo cuente a alguien.

Hay otras páginas de error, como la 403 o la 500, pero la 404 es la que puede encontrarse el usuario con mayor probabilidad.

Redacción de newsletters

La parte más importante de una newsletter o boletín corporativo es el asunto, igual que el titular lo es de un post, así que las recomendaciones anteriores también tienen vigencia. Es la primera impresión que recibirá el destinatario, lo que le invitará o no a abrirlo. Algunas recomendaciones para redactar el asunto de tus newsletters:

- Debe ser un resumen del contenido (más informativo), pero a veces una pregunta que despierte la curiosidad (más misterioso) es más efectiva.

- Sugiere urgencia o acción únicamente cuando realmente sea así, deja libertad al usuario para que lo abra y lea cuando más le convenga.

- Su extensión aconsejada es de 90 caracteres para que pueda verse bien en diversos gestores de correo.

- El pre encabezamiento o texto previo sirve para complementar el asunto.

- No lo escribas en mayúsculas, es una cuestión de educación online (netiqueta).

- Hazlo identificable como parte de una serie de envíos (es habitual utilizar el nombre de la empresa si no está en el remitente seguido del titular) pero también único y diferente cada vez (no uses solo números o fechas para distinguirlos).

- Evita palabras que quizá no pasen algunos filtros del spam como pueden ser "gratis" o "compra ahora" y tampoco repitas signos de exclamación.

- Incluye el nombre del destinatario para personalizar el envío.

- Testea para ver cuál da mejores ratios con envíos tipo A/B: enviar a un grupo A un emailing con un asunto, otro diferente al grupo B y ver estadísticamente cuál de los dos mensajes se abre o se clica más para, unas horas o al día después, enviarlo al resto de suscriptores.

Todo esto para que en un par de segundos el destinatario se decida a abrir el mail. A partir de ahí, son muy importantes las llamadas a la acción para que el mensaje salga fuera del gestor de correo, ya sea a tu web para comprar o tu blog para leer más. No hay que olvidar que enviando los contenidos por correo también se vende, no solo se informa, así que has de convencer al lector a que haga clic en algún enlace.

Elegir sobre qué debe tratar una newsletter corporativa que sea interesante para el usuario dependerá de la estrategia de marketing de contenidos que hayas diseñado pero puede ser similar a los contenidos del blog o con ofertas según si quieres que tenga un enfoque divulgativo o comercial, respectivamente. Aunque también se puede hacer una mezcla de ambos e incluir diferentes secciones dentro de cada envío y que cada una cumpla un objetivo. El correcto equilibrio entre los dos enfoques es fundamental para atraer y retener a los suscriptores. Con una información seleccionada cuidadosamente y evitando el exceso de autopromoción, evitarás que haya abandonos en la lista.

Algo a lo que no se suele prestar mucha atención pero también es un factor importante es el remitente. Asegurar que sea una cuenta de correo válida (a evitar "do-not-reply@") y preferiblemente con un nombre y apellidos (los mismos que los de la firma) en lugar de una cuenta genérica ("info@" o "newsletter@") ayuda a dar personalidad a la newsletter y a aumentar la confianza en los contenidos.

Redacción de documentos

Cuando la extensión de un texto es más larga que un post, o una serie de ellos, se pueden utilizar formatos más adecuados para documentos como ebooks o white papers. Ambos son archivos en PDF para descargarse gratuitamente o a cambio de dejarnos los datos de contacto por correo. En este sentido, son buenas herramientas para aumentar tu base de datos de leads o de suscriptores siempre que el tema sea lo suficiente atemporal como para que pasado cierto tiempo siga siendo atractivo.

Los **ebooks**, en este contexto, no son versiones digitales de un libro (archivos .epub o para Kindle) sino artículos o una recopilación de ellos agrupados temáticamente para explicar un aspecto concreto de tu producto o servicio. Estas son sus características:

- Su maquetación suele ser en horizontal, con destacados, espacios en blanco y tipografía vistosa de gran tamaño: lo importante es la parte visual, por eso se suele utilizar un programa de diseño para maquetarlos.

- El texto se orienta a consumidor final (B2C) con consejos fáciles de compartir y los acompañan imágenes o ilustraciones tan atractivas como inspiradoras.

- El objetivo es entretener y educar al usuario en un aspecto concreto de un producto o servicio.

- Suelen dirigirse a clientes pero también sirven para quienes no lo son aún si se habla de cómo el producto o servicio se integra en un uso más general.

Los **white papers** o libros blancos son a menudo utilizados como sinónimos de ebooks porque también son documentos que las empresas ofrecen. Pero, en cambio:

- Se pueden maquetar directamente con Word, en una página vertical como cualquier otro informe.

- Tienen la portada bien diseñada y con referencias a la empresa autora al pie de cada página.

- Su contenido habitual es técnico, muy especializado, sin prestar demasiada atención a las imágenes inspiradoras ya que suelen estar llenos de gráficos.

- Su público mayoritario son empresas (B2B) y el enfoque mucho más comercial e informativo que el de los ebooks.

Los dos formatos son similares en cuanto a promoción por lo que estos tres consejos básicos son comunes para ambos:

- Deja la creatividad para contar la historia de una forma

diferente, no es tan importante para el diseño del documento.

- Utiliza imágenes de calidad, a pantalla grande y con colores vivos que transmitan tu pasión por el tema que explicas.

- Resume tus ideas para cada página para que se puedan tuitear y ponlas de manera visible en el tercio superior de la pantalla.

Una última recomendación: en cualquiera de estos documentos, el nombre o logo de la empresa está siempre presente para evitar la apropiación indebida ya que se suelen ofrecen para su libre distribución pero no es necesario que se vea más que el propio contenido (usa con moderación las marcas de agua).

Redacción audiovisual

Este es un libro sobre cómo aprovechar el contenido en la estrategia de marketing así que no vamos a profundizar en cómo fotografiar, ilustrar o montar un vídeo. Pero, menos las fotografías, prácticamente todo el contenido empieza por un texto. Aunque sea una infografía o un vídeo, se necesita un guion para estructurar la información que se va a mostrar así que vamos a ver algunas recomendaciones sobre este tipo de redacción.

Pero antes, los motivos para utilizar infografías y vídeos para acercarse al usuario son varios:

- Se entienden rápidamente así que se consumen fácilmente.

- Son más entretenidos que los números por si solos.

- Educan a los usuarios sin bloques de texto que necesitan más atención.

- Demuestran el conocimiento de la empresa en un tema.

- Aumentan la visibilidad de la marca, el tráfico y el posicionamiento.

- Llaman la atención y se comparten.

Estadísticamente, el contenido audiovisual se lleva más clics en redes sociales que el textual, se comparte más que el texto y se considera una fuente de viralidad llevando enlaces entrantes a la página web en la que se muestre (una buena estrategia de link baiting como veremos al hablar de SEO). Pero para ello tiene que ofrecer información relevante, ser claro, tener un objetivo y estar bien hecho, factores que hacen aumentar el presupuesto y por eso son contenidos que no suelen tener una frecuencia muy alta en la mayoría de calendarios editoriales.

Infografías

Aunque las hay que tienen citas o frases llamativas que se comparten fácilmente, las infografías suelen utilizarse para mostrar datos estadísticos de manera visualmente atractiva. Son gráficos de diferentes tamaños y colores con leyendas más o menos claras tratando de mostrar en poco espacio mucha información. En el ebook "The Ultimate Guide to Marketing with Infographics" de Unbonce han puesto nombre a este tipo de infografías que solo tienen números: dato grafías. Las reconocerás porque tienen porcentajes, gráficos de barras y, sobre todo, muchos datos.

Esta podría ser la definición de muchas infografías pero también las hay que tratan de ser entretenidas, de dar una experiencia de lectura para que quien la mira pueda interpretar la información y se quede con algo más que con los números. Es lo que Francesco Franchi llama infographic thinking incorporando el concepto de storytelling a los gráficos.

Aunque no sepas nada de diseño gráfico o de ilustración, sí puedes escribir el guion de una infografía y externalizar su creación. De esta manera te asegurarás de que el resultado tiene todo lo que tu estrategia de marketing de contenidos requiere y no solo que esté bien dibujada. Antes de plantearte crear una infografía, ten en cuenta que reunir los datos necesarios para hacerla puede suponer un coste extra o, como mínimo, tiempo de quien lo vaya a hacer. Si ya los tienes recopilados, no temas mostrar pocos o muchos datos, lo importante es que sea útil y no aburra.

Para redactar una infografía, debes responder a unas cuantas preguntas:

- ¿Qué es lo que quieres explicar?

- ¿Cuál es la historia que hay detrás?

- ¿De dónde vas a sacar los datos?

- ¿Qué jerarquía u orden tendrán?

- ¿Cómo te gustaría mostrarlos?

- ¿Cuál es el mensaje principal que se ha de llevar el usuario?

Dependerá de cómo trabajes con los diseñadores, pero el guion puede ser una simple lista de frases o un esquema (wireframe) que les pueda servir de base.

Cuando publiques una infografía estarás permitiendo que cualquiera la pueda utilizar y compartir en otros canales por lo que no te extrañe que pierdas un poco el control y no tengas estadísticas fiables de su uso. Es por esto que, a la hora de promocionar la infografía, no olvides incluir:

- **En la propia infografía**: tu logo o página web (normalmente en la parte inferior), las fuentes utilizadas como referencia aunque no se puedan clicar y la fecha.

- **En la página en la que se aloja**: un código para incrustar la infografía, descargarla a mayor resolución o PDF, iconos sociales para compartirla, frases destacadas tuiteables y las fuentes que aquí sí serán clicables.

También puedes añadirla a directorios de infografías como Visual.ly, además de compartirla en tus propios canales (Pinterest es una gran plataforma para ello, pero también puedes trocearla compartirla en una story de Instagram).

Vídeos

Si YouTube es el segundo buscador más utilizado, después de Google, y cada vez se dedica más tiempo a consumir contenidos en formato vídeo, no debes dejar escapar la oportunidad de que tu empresa salga en los resultados. Si al hablar de infografías debías ponerte en contacto con diseñadores gráficos, para grabar un vídeo necesitarás la ayuda de empresas de creación audiovisual que graben y editen contenidos si quieres que el resultado sea lo más profesional posible. No obstante, también puedes utilizar una cámara de fotos o tu móvil, programas gratuitos para eliminar el material sobrante de la grabación y músicas de librería si la voz no es importante.

Hay varios tipos de contenidos que puedes publicar en vídeo según el objetivo que hayas marcado en tu estrategia:

- **Educar:**
  - o **Capturas de pantalla**: demos, tutoriales o webinars que explican cómo hacer algo en un programa específico o desde el navegador. Se utilizan programas para grabar lo que se ve en la pantalla del ordenador (screencast) por lo que son baratos pero solo útiles si tu empresa puede mostrar los productos de esta forma.

  - o **Pizarras**: hay varias formas de utilizar una pizarra blanca. Para los que prefieren no salir en pantalla, unas manos dibujan y una voz en off va explicando la historia o proceso de algo; para los que están acostumbrados a hacer de profesores, se hacen pequeños vídeos con la pizarra de fondo usada como si fuese una clase. Es una manera fácil de grabar (plano fijo) pero ha de ser práctico, útil y con algo de chispa para no resultar aburrido.

  - o **Animaciones**: las ilustraciones animadas son fáciles de hacer por diseñadores gráficos y de recordar para quienes las miran. Son perfectas para explicar el funcionamiento de productos o procesos de servicios.

- **Entretener:**
  - o **Virales**: cualquiera de estos vídeos puede acabar siendo un vídeo viral pero lo será más fácilmente uno divertido que resulte impactante para el usuario.

  - o **Interactivos**: YouTube permite que los usuarios participen de las historias decidiendo con sus clics qué quieren que pase en el siguiente vídeo o interactuando con el vídeo.

  - o **Bucles**: vídeos cortos de unos pocos segundos que se reproducen en bucle, con o sin música de fondo, perfectos como stories en Instagram.

- **Informar:**
  - o **Entrevistas**: ya sea a empleados o personas del sector, en la oficina o en un evento, es importante trabajar y, si fuese necesario, consensuar las preguntas para asegurar que se mantiene el tono deseado de la conversación. El ritmo es fundamental para que no parezca un

monólogo. La edición corrige errores y pausas innecesarias para mantener la atención del usuario.

o **Anuncios**: no descartes la posibilidad de grabar tus propios spots para promocionar productos, aunque no se vayan a emitir por televisión.

o **Corporativos**: sería la web corporativa en versión vídeo, es decir, explica la historia de la empresa incluyendo qué productos tienes y quiénes son tus socios y trabajadores. Muestra las oficinas, declaraciones e imágenes del producto. El lugar de grabación es fundamental para el encuadre, es decir, lo que se verá de fondo, pero también para la iluminación o el sonido ambiente que pueden dificultar que se escuche bien. Si el vídeo no se oye, la imagen no será suficiente para que el usuario lo vea.

Hay poco tiempo para convencer al usuario de que merecerá la pena ver el vídeo por completo así que en los primeros segundos tienes que utilizar titulares llamativos que lo resuman. En general, cuanto más largo sea el vídeo menos probabilidades de que el usuario lo vea por completo, a no ser que tenga un gran valor especial para él. Algunas veces, simplemente se escuchan en lugar de verse.

En un entorno audiovisual, el guionista se hace cargo del guión literario (similar a una novela) pero es trabajo de la dirección de la película, programa o serie definir el guión técnico (incluye posiciones de cámara y explicaciones de los planos que van a grabarse) o si lo precisa un storyboard (similar a un cómic ya que muestra gráficamente las escenas). En un entorno corporativo, el trabajo de guión dependerá de cuánto quieras hacer y cuánto dejar que haga la empresa que contrates.

A la hora de escribirlo, puedes utilizar una tabla con dos columnas: una para la voz en off y otra para lo que se verá en pantalla (persona hablando a cámara, planos generales de la oficina con gente trabajando, representación de una reunión del equipo creativo…). Si lo prefieres, céntrate en una de ellas primero y luego en la otra: recuerda que la imagen y el sonido deben complementarse y servir de refuerzo para la idea principal que quieras transmitir.

Para corregir frases o palabras que provocan cacofonías, lee en voz alta el texto varias veces porque los datos indican que no leemos igual que escuchamos así que tampoco se debe escribir igual. Leerlo así también te ayudará a calcular la duración del vídeo pero tendrás que añadir algún tiempo extra para las imágenes que van sin voz en off. Y, si lo lees a alguien, te servirá para detectar carencias o conceptos que no han quedado bien explicados.

De cara a promocionar el vídeo, hay que recordar la optimización para buscadores y para medios sociales: cuida el título, la descripción y las etiquetas para que incluyan palabras clave y empieza su difusión en tus propios canales después de haberlo subido a YouTube. Las relaciones con bloggers de referencia también pueden ser una forma de aumentar el número de visualizaciones del vídeo (la forma de medición más habitual) siempre que se sigan las buenas prácticas para relacionarse con ellos.

> Puedes descargar gratuitamente el ebook en PDF "Vademécum de contenidos: herramientas fáciles para crear contenidos" desde la página del libro.

Redacción en medios sociales

Los blogs y las redes sociales son medios sociales que se alimentan de contenidos textuales para entablar conversación o relacionarse con los usuarios. Los primeros tienen más flexibilidad en cuanto a extensión y formatos, mientras que las segundas deben respetar las normas impuestas por los responsables de las respectivas plataformas.

Redacción para blogs

Ya que cada página de la web y del blog corporativo es una landing page gracias tanto a buscadores como a recomendaciones de otras personas, Chris Brogan plantea un símil interesante: ¿se pueden comparar los posts con capítulos o con episodios? La diferencia entre ambos es que el primero hace referencia a una historia troceada (en televisión empiezan con un "Anteriormente en..." para poner el contexto) mientras que el segundo tiene un principio y un final en cada pieza (propio de series sin continuidad).

Comparada con el mundo televisivo, la redacción corporativa tiene que decidir cómo relacionar cada post:

- Un primer párrafo de resumen o algunas frases intercaladas que sirvan de referencia al lector, si tu estilo es más de capítulos.

- Ir al grano y tratar cada post como un espacio sin relación con el resto, si prefieres episodios.

Enlazar internamente en un blog es muy sencillo y no deberías perder la oportunidad de hacerlo, si te decantas por capítulos. Y es que para contar el día a día de una empresa, objetivo principal de los blogs, es necesario contar historias relacionadas entre sí.

Siguiendo con otra comparación, la extensión ideal de los posts se puede determinar de manera similar a la duración de las películas de Hollywood como hace Jonathan Morrow en CopyBlogger: hay obras maestras de 90 minutos pero también las hay de 3 horas. Piensa en tus películas favoritas y verás que no todas duran lo mismo. El tiempo que pasas en la sala solo es importante cuando por algún motivo estás pendiente del reloj, pero no determina el éxito de un film. Igual ocurre con el blogging: si el argumento le interesa al usuario, continuará leyendo.

Éste no es un debate relacionado con la forma de escribir de cada blogger, sino con el tiempo de atención que tienen tus lectores. Los temas complejos de explicar requieren más espacio pero, siguiendo las recomendaciones que vimos de Nielsen, ahórratelo cuando a tus lectores no les haga falta saber demasiado o ya conozcan los detalles. Además, veremos al hablar de optimización para buscadores que los posts cortos (de menos de 300 palabras) no son tan eficaces.

No hay, por tanto, una extensión mínima o máxima para un post porque no hay una medida que sirva para todos los blogs. Por ejemplo, para un blogger puede resultar muy largo un post de 500 y para otro uno 1000 palabras, cada uno escribe a su manera. En definitiva, utiliza el texto que necesites para expresar tu objetivo porque lo que hará que la gente lea, no depende de cuántas palabras utilices sino de qué cuentas y cómo lo haces (título, párrafo, entradilla, jerarquía visual…). El texto de un blog puede incorporar copy corporativo por lo que sirven todas las recomendaciones vistas en cuanto a técnicas de redacción online aplicadas a páginas web.

En mi libro "Manual de blogging" tienes más ideas para crear y rentabilizar tu blog.

Redacción para redes sociales

El texto en las redes sociales es como un titular del enlace que estás recomendando. Las actualizaciones tienen una limitación de espacio que obliga a poner lo más importante delante (pirámide invertida) y simplificar al máximo (KISS) manteniendo el valor que percibirá el usuario porque el consumo es mucho más rápido. Un ejemplo: elimina las indicaciones temporales porque no sabes cuándo lo leerá el usuario, y en lugar de decir "la semana pasada inauguramos una nueva tienda y queremos compartir con vosotros las fotografías", mejor ves al grano con "descubre nuestra nueva tienda, desde su inauguración no paramos de recibir comentarios positivos" o "si te perdiste la inauguración, puedes ver las fotos de cómo es la nueva tienda".

Algunas recomendaciones generales de redacción para Twitter, Facebook y LinkedIn:

- Aprovecha los perfiles para transmitir tu personalidad con algo más que tu eslogan, por ejemplo con emojis.

- Atrae la atención con concisión y yendo al grano.

- Cuando recomiendes un enlace, explica el motivo describiendo el enlace pero sin repetir el mismo título que ya se puede ver en la previsualización.

- Utiliza acortadores de enlaces para medir los clics en todas las redes y así saber los temas que más interesan en cada una.

- Elige bien los emojis para que no sean confusos y usa siempre los mismos para las mismas acciones, por ejemplo un altavoz para una promoción o un dedo para indicar un enlace.

- Vigila las abreviaturas, puedes hacer hilos en Twitter o publicaciones más largas en Facebook y LinkedIn.

- Combina hashtags de marca con alguno genérico que te ayude a ganar exposición. Puedes usarlos, igual que los emojis, para transmitir lenguaje no verbal o estados de ánimo (yo uso #cofcof cuando el resfriado ataca mi garganta).

- Inserta imágenes según los tamaños de cada red para que los usuarios las vean correctamente.

- Llama a la acción o a la interacción de la comunidad con moderación, será más efectiva si es de tanto en tanto y se nota cuando no hay nadie al otro lado.

- Haz preguntas que no puedan contestarse con un "Me gusta", sino que obliguen al usuario a escribir algunas palabras.

- Responde a tu comunidad con empatía, según tu estilo pero acercándolo al suyo y dando un contexto. Por ejemplo: en lugar de contestar un "¡Gracias! :)" puedes gastar algunos caracteres más con un "Gracias, me alegra que te haya gustado la clase. Espero que lo puedas poner en práctica pronto :)".

En el caso de la redacción para redes sociales enfocadas a contenidos audiovisuales, es difícil hacer recomendaciones generales porque cada una es muy diferente. Algunas ideas para optimizar los textos:

- YouTube: el título es importante, pero también los metadatos que harán que el vídeo se encuentre, como la descripción o las etiquetas. Piensa bien las palabras clave que utilizarás.

- Instagram: etiquetar, geolocalizar y añadir hashtags son claves para ganar visibilidad. En cuanto a la redacción del texto que acompaña la foto o vídeo, hay para todos los gustos: directos en un par de líneas, preguntas que buscan participación o largos que equivaldrían a un post.

- Pinterest: el título y la descripción son los que destacarán la imagen, además del nombre del tablero. No hay que extenderse mucho, mejor seguir con el principio de sencillez.

Recuerda que republicar contenidos en redes sociales no es la mejor opción. Aunque lo que publiques en Facebook también se puede trasladar a LinkedIn, debes editarlo para adaptarlo a quién lo va a leer, es decir, si ha de ser más profesional, divertido o enunciativo según la línea editorial de la red en donde lo vayas a publicar.

Herramientas de redacción

Cada redactor tiene su forma de trabajar y sus trucos para escribir más deprisa o proteger su texto. Hay algunas herramientas online que te pueden ayudar en las diferentes tareas relacionadas con este trabajo. Según si te encargas de escribir o de publicar los contenidos, la lista puede ser más o menos larga.

Siguiendo los pasos a la hora de redactar, empecemos por la

documentación. Aquella época en la que se investigaba en la biblioteca parece lejana (aunque una visita también permite recuperar los clásicos) e internet se puede considerar como la mayor fuente de información. Por eso es necesario utilizar la búsqueda avanzada de Google y guardar fuentes que hayas identificado como relevantes en anteriores búsquedas. Pocket y Google Keep son algunos de los servicios que puedes utilizar para catalogar enlaces interesantes, igual que vimos Feedly para leer blogs.

En el momento de ponerte a escribir, consultas a diccionarios como el DRAE, el Panhispánico de dudas, la Fundéu o la Enciclopèdia catalana, el de sinónimos de WordReference o el traductor de Google te asegurarán un texto bien escrito, al menos ortográficamente.

Elegir la herramienta para escribir también es importante. El procesador de textos más completo seguramente sea Word con sus gráficos, referencia y posibilidades de diseño de las páginas. Pero para trabajos colaborativos es mucho más útil Google Drive ya que permite la edición en línea de varios autores. O quizá prefieras una escritura más zen y optes por Ommwriter o por escuchar teclear en Qwertick.

Hacer copia de seguridad de los textos también es importante. Utilizar carpetas en la nube como Dropbox es una solución para archivos tipo Word, pero la herramienta de sincronización de Google permite hacer una copia en Drive de todos los archivos que quieras de tu disco duro. Además, el autoguardado de cada procesador te puede sacar de más de un apuro (lo ha hecho en algún momento de la redacción de este libro) así que acuérdate de configurarlo cada 5 o 10 minutos para no perder esa última gran idea.

Una vez el texto está escrito y siendo optimistas, los sistemas de alertas, además de para documentarte como ya hemos visto, sirven para localizar recomendaciones de tus textos que alguien hace por la vía más ética. Siendo más negativos, hay webs para detectar plagios como Copyspace o CopyGator que pueden ayudarte a descubrir usos inadecuados de tus contenidos. Añadir licencias de CreativeCommons puede ser la solución, aunque no te garantiza que otra persona utilice tu contenido correctamente.

Para organizar el trabajo propio o el del equipo, calendarios como Google Calendar u otros de los que hemos visto ayudan a visualizar entregas y contenidos. De cara a programar las actualizaciones Hootsuite o CoSchedule te serán de ayuda para, por ejemplo, trabajar un día a la semana e ir publicando de forma escalonada.

Cómo buscar la inspiración

La inspiración, como la curiosidad, es una herramienta imprescindible para los redactores. Pero no siempre estará de tu lado. Cuando la inspiración te acompañe, las ideas se ordenarán solas, las palabras construirán sus propias frases y las hojas se llenarán en poco tiempo. En ese momento mágico en el que todo fluye, lo mejor es escribirlo todo tal cual salga, aunque parezca verborrea inútil. El esfuerzo viene después, en la edición y reescritura… pero al menos tendrás una base sobre la que trabajar. Y si no hay plazos marcados, deja que las ideas maduren por sí solas en ese árbol que es tu cabeza… y espera que la inspiración te pille pensando.

Hay dos formas de tratar de buscar la inspiración y encontrarla: concentrarse o dispersarse.

La técnica del Pomodoro es de concentración y explica cómo organizar el tiempo para sacarle todo el jugo a la creatividad. La idea es trabajar en bloques de media hora, de manera que 25 minutos estés únicamente escribiendo y descanses con otra cosa los 5 minutos restantes. El nombre proviene del típico reloj de cocina que lleva control de la cocción y, aplicado a la redacción, lo que se cuecen son ideas.

Para concentrarte, elimina distracciones y deja únicamente el programa que uses para escribir. Cierra las redes sociales, apaga el móvil y, si hace falta, durante ese rato enciérrate en una sala de reuniones (o en ese lugar en el que te sientes a gusto). Piensa únicamente en tu texto, en nada más que en tu contenido. Como se suele decir: ser un buen escritor es un 3% de talento y un 97% de no distraerse en internet.

Claro que también puedes combinar concentración e internet utilizando algún generador de títulos o aprovechando una herramienta como AnswerThePublic.com para saber qué buscan los usuarios o recurrir a Google para saber las tendencias o las búsquedas relacionadas.

Por otro lado, la mejor técnica de dispersión es descansar. Sí, es hacer todo lo contrario a lo anterior: salir, desconectar, olvidarse del tema durante un rato más largo de 5 minutos. No hace falta tomarse unas largas vacaciones pero sí dejar de sentir la presión por escribir, si hace falta, durante unas horas o un día. Prestar atención al mundo offline te dará ejemplos auténticos y conseguirás contenidos más reales.

Al revés que antes, mira a tu alrededor: cuál es tu película favorita, la serie que no te pierdes nunca, el grupo de música que siempre escuchas o tu escritor de referencia. Haz el ejercicio de aplicar su ejemplo al tema sobre el que escribes. Conseguirás un post divulgativo y entretenido que destacará entre el resto y también atraerá visitas de la gente que conoce la referencia. Un título fácil sería: "¿Qué se puede aprender de…?".

Practicar la dispersión y la concentración a la vez es incompatible pero se puede utilizar cada una según el momento. Por la mañana, con la cabeza más despejada, dosifica la creatividad para que dure más tiempo; por la tarde, después de una productiva sesión matutina, desconecta un rato para volver a conectar con ganas, quizá un rato después de cenar cuando haya menos ruido en casa. Y lo mismo si lo aplicas durante la semana: descansa al menos un día para no olvidar por qué trabajas y, a la vez, por qué te gusta escribir.

Para llamar la atención de la inspiración, repasa los tipos de contenidos y de titulares que hemos visto. Quizá así se te ocurra algo que hasta ahora no habías probado y que te motiva a escribir: hacer una entrevista a un blogger, resumir un libro, comentar una foto curiosa, preguntar algo a tus lectores, contar en primera persona un caso de éxito reciente… Además, siempre podrás filtrar o reciclar contenido como veremos a continuación.

Hagas lo que hagas, no tengas miedo a enfrentarte a la hoja en blanco, ni a sufrir el bloqueo del escritor: simplemente escribe porque tus lectores lo están esperando y tus clientes potenciales también, aunque aún no te conozcan.

> Puedes descargar gratuitamente el ebook en PDF "Redacción online: guía en 10 pasos" desde la página del libro.

4. Haciendo content curation

Cualquiera puede crear contenidos, esto significa que cada vez hay más información disponible para leer y no toda es de buena calidad. A partir de esta realidad es necesaria una figura que muestre lo más relevante. De alguna manera ya lo hacen los buscadores al posicionar entre sus primeros resultados lo que consideran más importante, pero los buscadores se basan en matemáticas, no hay personas detrás.

La tarea de selección de contenidos corresponde al content curator. El origen de este nombre se asocia al comisario de la exposición de un museo, la persona que selecciona las obras y las expone, una figura que se remonta hasta la antigua Roma, según comenta Erin Kissane en "The Elements of Content Strategy" (Ed. A book apart, 2012) por la referencia a la custodia de artículos de todo tipo. Aplicado a contenidos, es alguien que investiga y se documenta para conseguir el mejor material sobre un tema concreto, organiza esa información y la comparte. Hace, por tanto, de filtro para quienes le siguen seleccionando lo más relevante.

No es fácil traducir este perfil: conservador, cuidador, curador (una traducción más literal sería curaduría de contenidos), editor, gestor... La Fundéu recomienda llamarle responsable de contenidos, pero habiendo visto todo lo que se puede hacer con los contenidos, parece demasiada responsabilidad ponerle ese nombre, como mínimo porque sus funciones se pueden separar de la creación y la edición.

Pero, como veremos también al hablar de un hipotético departamento de contenidos, es más importante pensar en tareas que en puestos concretos, al fin y al cabo bloggers o tuiteros combinan la creación de contenidos con el filtrado. A modo de resumen de lo que vendrá en las siguientes páginas, la lista de Wits zen blog de lo que ha de hacer un content curator incluye:

- Localizar y evaluar contenido valioso.

- Investigar para validar su punto de vista.

- Organizar y publicar contenido para hacerlo accesible.

- Crear y proponer contenido cuando añade valor a lo anterior.

- Desarrollar un punto de vista sobre su tema.

- Resumir la investigación y publicar las conclusiones.

- Escribir y publicar la pieza de contenido resultante.

- Añadir valor y relevancia más allá del contenido original.

- Capitalizar los medios sociales para crear conexiones y contexto.

- Construir relaciones de confianza con otros curators.

No todas las empresas pueden utilizar contenidos de otros. El ejemplo más evidente es cuando no hay suficiente contenido externo que filtrar y, en ese caso, será más conveniente centrarse en la creación. Te conviene usar la curación de contenidos si:

- Te centras en un tema específico.

- Tu sector tiene muchos recursos (noticias, blogs…).

- Tus clientes se documentan online.

- Necesitas educar a tus clientes.

- No quieres substituir la creación de contenido: se trata de un complemento.

Hay niveles dentro del filtrado de contenidos: en un extremo, quien ha automatizado el proceso y vuelve a publicar sin añadir ni una palabra propia, solo aportando su criterio de selección de fuentes o de palabras clave (agregar) y, en el otro, quien lee todo el contenido que descubre, descarta lo irrelevante y finalmente comparte lo más interesante con alguna pequeña recomendación o comentario. Dentro de estos extremos, están todos los niveles posibles hasta llegar incluso a la creación, si es que la aportación es muy extensa.

Cuando se encuentra mucha información relevante, una buena opción es repartir las actualizaciones en el tiempo, es decir, programarlas en la plataforma de publicación cada cierto tiempo. De esta manera y dedicando solo 15 minutos por la mañana, puedes dejar cubiertas las actualizaciones para un par de días.

La gestión del tiempo del content curator es tan importante como la buena selección de fuentes. Cuando alguno de estos dos factores falla, su labor puede dejar de tener relevancia. Es cuando, por ejemplo, se deja guiar únicamente por los títulos de los posts para compartirlos en lugar de leerlos y decidir después si merece la pena que sus seguidores lo conozcan. O cuando tuitea una información como novedad cuando ya no lo es y queda en ridículo frente a quien ya la conocía.

Promocionar el contenido de otros no es algo negativo, al contrario, crea lazos en el sector y reafirma la imagen de la marca como experta. Es beneficioso en varios aspectos de tu estrategia para:

- Atraer audiencia.

- Ganar reputación.

- Ser considerado líder de opinión.

- Aumentar tráfico.

- Ahorrar tiempo y dinero en relación a la creación.

- Tener una presencia regular más fácilmente que con la creación.

Por otro lado, como curator también puedes usar los canales de filtrar contenido para promocionar contenido propio, es decir, recomendar de manera selectiva piezas propias. De esta manera, podrás conseguir nuevos seguidores a canales corporativos que pertenecen a canales de curación.

Cómo filtrar los contenidos más adecuados

Primer día como content curator, ¿por dónde empezar? Lo primero es poner en marcha un sistema de alertas que te avisen cuando haya información sobre el tema a filtrar. Como hemos visto al hablar de recopilar contenidos, fuentes con palabras clave específicas te ayudarán a cubrir tanto terreno como quieras. Eso sí, cuanto más amplio sea el sistema de rastreo de artículos que utilices, más tendrás que leer. Después, publicar puede ser tan sencillo como un clic, pero según las fuentes utilizadas se alarga el tiempo de decidir su relevancia.

La línea editorial de la empresa marca el criterio a seguir para seleccionar una noticia u otra y es lo que diferenciará a un curator de otro. Aquí es cuando realmente se justifica que tengas seguidores que confían en tu juicio. La clave para tu estrategia de content curation es convencerte de que estarás recomendando contenidos de otras personas y empresas, así que ¿querrás mostrar los de la competencia? Piénsalo bien porque tu respuesta puede impedirte compartir todo lo relevante.

Algunas preguntas que debes responder antes de decidir si publicar una pieza o no:

- ¿Es innovador, imprescindible, última noticia, inspirador, motivador, educativo, divertido, de tendencia…? Elige el criterio que quieras, pero cúmplelo siempre.

- ¿Coincide el punto de vista de la información con el de la empresa?

- ¿Qué contenidos de entre los que tratan la misma información son más relevantes considerando la fuente y el tema?

- ¿La fuente aporta realmente algo aunque sea una persona y no un gran medio de comunicación?

No solo la selección de determinadas noticias diferencia a un content curator de otro, también la forma en la que presenta esa noticia a sus seguidores. Igual que escribir un post sobre la misma noticia puede ser diferente según el redactor, también el curator imprime su punto de vista en lo que recomienda. Por ejemplo: ¿harás un simple retuit o mencionarás el tuit con un comentario propio? Implica un diferente grado de compromiso y puede cubrirse objetivos diferentes en cada caso.

Antes de utilizar un canal existente o correr a registrarte a todas las nuevas plataformas de curación que surgen cada poco tiempo, dedica un momento a analizarlas y decide cuál te conviene más considerando las siguientes cuestiones que recomiendan en la Revista Slanza (mayo 2012):

- ¿Es gratuita o cuál es tu presupuesto?

- ¿Puedes seguir más de un tema a la vez con la misma cuenta?

- ¿Se aloja online o es necesario instalar un software? En ese caso, ¿qué mantenimiento necesita?

- ¿Soporta diferentes formatos y fuentes?

- ¿Qué diseño tendrá la página resultante?

- ¿Puede incrustarse en otras plataformas?

- ¿Ofrece buscador?

- ¿Puede organizar la información en carpetas o etiquetas?

- ¿Permite compartirse fácilmente?

- ¿Facilita suscripciones por correo o RSS?

- ¿Admite comentarios del curator o de la comunidad?

- ¿Da sugerencias para elegir el contenido a recopilar?

- ¿Puedes añadir cualquier tipo de contenido?

Hay muchas herramientas dedicadas a ayudar al curator a encontrar, seleccionar y compartir el contenido. Ya hemos mencionado las alertas en buscadores y lectores de feeds, además de servicios para guardar enlaces. Las redes sociales ofrecen también vías para organizar una buena curación, por ejemplo con sistemas para guardar contenidos.

Otras plataformas son:

- Flipboard agrupa temáticamente la información en revistas muy fáciles de leer y seguir, especialmente en móvil.

- Paper.li se define como diario y permite agregar automáticamente y de manera programada enlaces a artículos elegidos en función de las palabras clave que el curator ha seleccionado en diversos canales, aunque se usa principalmente para Twitter.

- Wakelet es similar a los Momentos de Twitter con la diferencia de que se puede crear una recopilación con cualquier enlace, no solo tuits. Además, puede tener listas privadas y en equipo.

- Elink.io combina la lectura de fuentes con la posibilidad de enviar una newsletter recopilando la selección de artículos más relevantes.

- Curata es un software de pago que filtra contenido y lo muestra en una página creada a tal efecto en la web corporativa de la empresa.

Además de poder compartirse automáticamente en otros canales, algunas de estas herramientas permiten seguir a otros usuarios y hacer comentarios por lo que pueden considerarse pequeñas redes sociales temáticas. Desde este punto de vista, la curación sirve para detectar tendencias, es decir, identificar patrones que pueden llevar a cambios en algún aspecto de tu sector.

> Puedes descargar gratuitamente el ebook en PDF "Herramientas de content curation: guía en 10 pasos" desde la página del libro.

El contenido que se filtre debe relacionarse adecuadamente con el original para favorecer que sean complementarios y sumen esfuerzos a la hora de definir la voz de la empresa. En tu estrategia debes considerar las siguientes cuestiones:

- ¿Cuál será la proporción entre contenido original y filtrado?

- ¿Qué relación habrá entre estos dos tipos de contenido?

- ¿El contenido filtrado será independiente del original?

- ¿Se publicará automáticamente en otros canales?

- ¿Se usarán los canales propios para dar a conocer el contenido filtrado?

- ¿Se encargarán personas diferentes o lo hará la misma?

Si tienes pocos recursos, la mejor opción es utilizar las plataformas de creación también para la curación, dedicando algunas actualizaciones a estos efectos. Los casos más habituales serían los siguientes:

- Blog: además de incluir enlaces a los artículos que quieras recomendar ("vía" o con fuentes de información mencionadas explícitamente), también puedes crear posts con listas de webs o artículos sobre un mismo tema, con resúmenes semanales de otros bloggers o de posts propios (lo veremos al ver el reciclaje de contenidos), incluir en la barra lateral enlaces a blog de referencia (blogroll)...

- Twitter: además de tuits, menciones o retuits con enlaces a otros usuarios, puedes hacer listas temáticas con aspectos concretos de tu sector o los usuarios de tus empleados y proveedores, marcar como Me gusta tuits interesantes o crear Momentos para recopilar tuits sobre un tema.

- Facebook: además de compartir actualizaciones con enlaces a otros usuarios, puedes agregar como favoritas de tu página a otras páginas de fans, recomendar actualizaciones de esas páginas mencionándolas…

- LinkedIn: compartir y mencionar a otros usuarios y páginas de empresa, además de seguir hashtags, son las opciones principales de curation en esta red social profesional.

- Instagram: puedes seguir hashtags que te interesen como fuente de información, pero para repostear una imagen de otro usuario es necesaria una aplicación complementaria.

Una de las ventajas que tienen las herramientas de curación es que siempre atribuyen correctamente las fuentes de los artículos. Cada una lo hace de forma diferente pero es algo que garantiza la transparencia del curator.

Caso de estudio

SSC utilizará la herramienta de curación automática Paper.li para recoger recomendaciones sobre cómo preparar viajes, organizar maletas, hacer fotos de paisaje... una parte común a otros tipos de turismo y no solo al estelar.

En la primera fase se explicará mediante Wakelet la historia de cada planeta con sus hitos más importantes como su descubrimiento, colonización, etc. En la fase dos, una vez realizado el primer crucero, se utilizará para explicar cómo ha ido en palabras de los viajeros, incluyendo fotografías, vídeos y tuits.

Las recomendaciones de artículos se harán desde Twitter y Facebook por lo que en estos canales se combinará la creación con la curación.

5. Editando contenidos

Parte del trabajo del editor de contenidos, coordinado con el del creador de la estrategia, consiste en supervisar lo escrito por el redactor. El editor asegura la calidad de los contenidos, y puede pedir una repetición de un contenido si no cumple los requisitos establecidos ya que es el último responsable de que se cumpla la estrategia marcada.

Es habitual que en una empresa pequeña esta tarea recaiga únicamente sobre el propio redactor. Si estás en esta situación, debes alejarte de tu texto lo suficiente para poder valorarlo objetivamente, actuar como un editor y responder a las preguntas que éste se haría:

- ¿Está bien escrito? Repasa cuestiones de ortografía y gramática.

- ¿Se entiende bien? Confirma que es adecuado al público objetivo según el perfil elegido y que transmite correctamente los mensajes clave de la empresa.

- ¿Tiene el estilo correcto? Asegura que sigue la línea editorial de la empresa.

- ¿Tiene la extensión correcta? Si es muy largo, divídelo en dos o adáptalo a otro formato; si es muy corto, amplíalo o elige otro canal.

- ¿Tiene el formato adecuado? Tanto para facilitar la lectura de los usuarios como de los buscadores. Como veremos al hablar de promoción de contenidos, hay ciertos parámetros de SEO a tener en cuenta como los títulos, las negritas o las viñetas que también afectan a la estructura visual de la página que lee el usuario.

La edición de contenidos no es en sí misma una forma de creación, sino más bien de modificación o adaptación del original. Así, cuando se edita el texto de una página web, por ejemplo, no se crea nada más que una versión diferente.

Después de muchas versiones, es decir, de editar mucho, es posible que se pierda la esencia del contenido original. Por eso algunas veces la experiencia del editor dicta que se repita desde cero en lugar de tratar de hacer demasiados arreglos.

Algunas veces, en cambio, el objetivo de la edición consiste en que parezca nuevo sin perder la esencia del original. Cuando se puede, fantástico. Pero, en ocasiones, simplemente se maquilla. La complejidad de esta tarea dependerá de lo bueno o malo que sea el original: a veces sale a cuenta volver a escribirlo por completo porque el maquillaje lo estropea.

Un buen momento para editar contenidos es cuando se intenta actualizar un contenido antiguo que podría publicarse si se le diese un par de vueltas. Después de dárselas, si ves que no funciona, déjalo y piensa en uno nuevo. Reinventar ese contenido puede ser más laborioso pero el resultado será más interesante.

Cómo editar textos propios o ajenos

Una edición completa incluye revisar qué se dice, cómo se dice, a quién se dice, por qué se dice y, además, que se dice bien. Para editar un texto, lo ideal es hacer varias lecturas y fijarse en una cosa cada vez. Usaremos de ejemplo una página web por ser más completa pero esto también es válido para posts:

- Primero, lectura en diagonal: es importante tener una representación mental de todo lo editable. Sirve para hacerse una idea de la estructura general y orden de las secciones. Solo es una primera toma de contacto, no hay que cambiar nada aún: es una manera de saber la magnitud de la tragedia, es decir, cuántos cambios necesitará el texto o el tiempo que vas a tener que invertir para adecentarlo.

- En la segunda lectura, ya se empiezan a modificar algunas cosas. Si hay prisa o el texto es muy largo, puedes mezclar este paso, con el anterior para ahorrar tiempo. Revisa la ortografía y gramática básica, marca (con colores o con control de cambios) las dudas de tecnicismos o palabras complejas, si las hubiera, y las discrepancias que pueda haber entre páginas.

- Cuando el texto de partida ya esté corregido mínimamente (fase de proofreading), es momento de cambiar cosas y añadir lo necesario para que los conceptos básicos y las funciones de cada página queden bien claros.

Lógicamente, esta última es la parte más compleja e importante para la empresa, porque suele hacer falta añadir texto nuevo, similar al original, es decir, escribir como el cliente. Fíjate en aspectos como los siguientes:

- Es imprescindible que repases el estilo global para que sea consistente con la marca y tus valores. La coherencia se consigue también con el orden de los párrafos, no solo con las palabras utilizadas. Por ejemplo, repetir la estructura interna en páginas similares ayuda a dar más consistencia a la web. Todo esto contribuye a que los usuarios tengan una imagen clara de la marca. Esta es una parte tan importante para el editor, como para la empresa y para el usuario final.

- La parte más orientada a los usuarios es la de clarificar la lectura con titulares, viñetas y negritas. Cuestiones que también ayudan al posicionamiento en buscadores, no está de más pensar en palabras clave que puedan ser interesantes e incorporarlas al resto del texto.

- Siendo un texto online, la última cosa por hacer es quitar o añadir los enlaces internos que sean oportunos. No hace falta saturar el texto, pero cada página debería tener como mínimo uno que ayudase al usuario a guiarse por la página y a saber qué hacer (una llamada a la acción como ya vimos anteriormente).

- A partir de aquí, releer, releer y releer tantas veces como haga falta para detectar errores en todas las fases anteriores y mejorar aún más el texto.

Si tienes poco tiempo o es un texto corto, puedes seguir las recomendaciones de Joe Bunting en "Let's Write a Short Story!" para mejorar un texto rápidamente atendiendo a tres aspectos:

- Verbos: algunos no aportan suficiente significado o son pasivos, cámbialos por tiempos verbales en voz activa.

- Adverbios: todo lo que acabe en "mente" puede ser substituido por palabras más específicas.

- Muletillas: palabras que repites de forma automática, sin darte cuenta y que pueden empañar tu estilo corporativo.

Tengas o no tiempo, recuerda que nunca debes publicar nada sin leerlo antes. Y no importa quién lo ha escrito, has de releer cada palabra, no hacer una lectura en diagonal para cumplir el expediente. Lo que publiques refleja la personalidad de tu empresa.

Cómo hacer el último repaso antes de publicar

Aunque podrías estar revisando tu texto durante días, llega un momento en el que debes dejar de editar para no correr el riesgo de dejar el contenido en borrador demasiado tiempo. Para dar el último vistazo definitivo, fíjate en las 25 cosas que recomienda Ahava Leibtag en el Content Marketing Institute para que el contenido resulte útil, aunque avance ideas de optimización que veremos más adelante.

¿Puede el usuario encontrar el contenido? Contiene…

- Un titular (etiqueta <h1> en HTML).

- Al menos dos subtítulos (<h2>).

- Título, descripción y palabras clave (metadatos).

- Enlaces a otro contenido relacionado.

- Descripción de las imágenes (<alt>).

¿Puede el usuario leer el contenido? Contiene…

- Estilo de pirámide invertida.

- La información troceada (chunking).

- Viñetas.

- Listas numeradas.

- Sigue la Guía de estilo.

¿Puede el usuario entender el contenido? Contiene…

- El tipo de contenido apropiado (texto, vídeo…).

- Consideración hacia los lectores.

- Contexto.

- Respeto por el nivel educativo de los lectores.

- Una idea antigua explicada de forma nueva.

¿Querrá el usuario hacer algo después de leerlo? Contiene…

- Una llamada a la acción.

- Un espacio para comentar.

- Una invitación a compartir.

- Enlaces a contenido relacionado.

- Una indicación clara de qué hacer.

¿Querrá el usuario compartir el contenido? Contiene…

- Algo para provocar respuesta emocional.

- Una razón para compartir.

- Una pregunta para compartir.

- Una forma fácil de compartir.

- Algo personal.

De forma general, editar sirve tanto para corregir descuidos graves, como detalles que hayan pasado desapercibidos por prisas o por desconocimiento y que pueden arruinar un contenido inicialmente bien conceptualizado. Ardath Albee catalogó en su blog los errores más comunes:

- No hay estructura interna.

- El gancho está escondido más allá del primer párrafo… si es que existe.

- No hay llamadas a la acción.

- El contenido es monótono, aburrido.

- Se quiere decir demasiado a la vez.

- Los títulos hacen promesas vacías (clickbaiting).

- Las palabras pretenden reflejar lo bien que se sabe escribir.

- El contenido está enfocado a lo que quiere la empresa, no en lo que quiere el lector.

- Se prima más la información comercial que la utilidad.

- Los posts no los firma una persona.

- Se asusta a los lectores en lugar de motivarlos.

- El contenido está copiado de competidores.

- No se atribuyen las fuentes de información.

- Hay errores gramaticales y tipográficos.

Estos son los errores más comunes pero no hay que olvidar los que se cometen inconscientemente, por eso se suele recomendar dejar las tareas de edición a compañeros o profesionales externos que puedan detectar las muletillas y corregirlas.

6. Reciclando contenidos

Reciclar contenido no es volver a publicarlo, eso sería simplemente republicar. Reciclar contenido es utilizarlo como base para generar nuevo contenido para uno o varios canales. En porcentaje, el reciclaje no sustituye la creación de nuevo material, ni tampoco el que se pueda filtrar de terceros. Pero sí ayuda a las empresas a ahorrar tiempo, aligerar cargas de trabajo, sustituir la inspiración, promocionar contenido o aprovechar mejor el que tanto esfuerzo ha costado publicar. El contenido reciclado convive con otros tipos de contenidos en el calendario editorial para asegurar que no se pierde material relevante, aunque haya pasado tiempo.

Hay tres perspectivas desde las que enfocar el reciclaje de contenidos. En función de:

- El **tamaño**: unir piezas pequeñas para crear una de mayor tamaño o desmenuzar las grandes para repartirlas en otras menos extensas.

- El **formato**: reaprovechar el contenido para darle una nueva forma externa modificando el interior para adaptarlo a la nueva plataforma.

- La **temporalidad**: actualizar contenidos que ya no son de actualidad para ponerlos al día rápidamente sin tener que volver a documentarse mucho.

Reciclar contenidos es una forma de ahorrarse tener que generar nuevo material que puede ayudarte a alargar la vida a un contenido. Si en la auditoría has descubierto contenidos potencialmente interesantes, en el reciclaje podrás sacarles el máximo provecho.

Reciclaje según el tamaño

Este tipo de reciclaje es el más fácil aunque también puede llegar a dar bastante trabajo. Consiste en agrupar piezas pequeñas en bloques más grandes para después darles un nuevo formato.

Por ejemplo, si tienes cuenta de Twitter, todo empieza ahí: selecciona varios tuits que hayas escrito sobre un tema similar y ordénalos para formar un post de unas 200 palabras. Puedes crear un post copiando y pegando los tuits directamente o insertarlos desde esta funcionalidad de Twitter. Cuando tengas varios posts de este estilo, agrúpalos en una serie de posts para tu blog o envíalos como newsletter. A partir de aquí, piensa en grande: ¿qué tal un ebook con tuits, posts o newsletters?

El tipo de contenido más grande de tamaño sería un libro. Gracias a servicios de print on demand o los libros digitales (.epub), cualquier empresa o persona puede publicar un libro. Solo tienes que ponértelo como objetivo e ir lográndolo poco a poco, tuit a tuit. Por eso es muy importante la planificación, para repartir el trabajo en el tiempo y, por ejemplo, no tener que escribir un ebook de 15 páginas en una semana si no simplemente recopilar lo que ya has escrito el mes anterior.

Pero el proceso también puede ser inverso, de más grande a más pequeño. De esta forma se requiere más tiempo para empezar a que funcione la rueda del reciclaje pero, si dispones del suficiente como para hacer un ebook o white paper, es una buena forma de promocionarlo, ya que cada tuit que extraigas de ese documento llevará a la descarga del mismo. Recuerda que los ebooks son fantásticas herramientas para recoger datos de clientes potenciales si se ofrecen a cambio del email.

Otras formas de reciclaje que ayudan a la promoción de contenidos:

- Desglosa un post que hayas escrito con una lista de pasos en tantos posts como componentes tenga la lista.

- Recopila una vez al mes en tu newsletter lo que hayas publicado en tus posts semanales, ampliando con algunos párrafos si fuese necesario para crear una línea argumental coherente.

- Trocea las frases relevantes de un post o newsletter en varios tuits.

- Coge las declaraciones de una nota de prensa y conviértelas en tuits a modo de cita.

- Junta todas las imágenes de tu blog de la última semana y compártelas como story en Instagram.

La clave es que las piezas tengan coherencia para que no resulte evidente que se están reutilizando contenidos en lugar de crearlos desde cero.

Caso de estudio

SSC reciclará los tuits tipo "¿sabías qué…?" mezclándolos con las fotografías de Facebook (siempre que las licencias de uso lo permitan) para hacer ebooks de descarga gratuita mensuales. Cada 3 meses se ofrecerán otros ebooks que recojan los posts temáticos sobre un planeta y se podrán descargar a cambio de la suscripción a la newsletter.

Reciclaje según el formato

Reciclar contenidos pensando en el formato obliga a pensar a lo grande, por ejemplo, en un evento como puede ser un acto de presentación, una sesión de formación o una charla. Evidentemente, lleva mucho trabajo organizar algo así y por eso después se ha de sacar el máximo rendimiento a ese esfuerzo también desde una perspectiva de contenidos. El antes, durante y después del evento ofrecen muchas posibilidades:

- Los tuits en tiempo real ya hemos visto que son la base de más reciclajes.

- La presentación del ponente para SlideShare o capturas individuales de infografías.

- Fotografías del público, del lugar y del ponente.

- El audio para descargar en podcast.

- El vídeo para ver on demand a cambio del email.

- Las preguntas del público se pueden convertir a posts o a preguntas frecuentes de la web.

- Post, fotos y vídeo resumen.

- Entrevistas en audio o vídeo con el ponente.

- Ebook con las transcripciones de los vídeos y de las entrevistas.

Todo dependerá de los canales o plataformas que quieras utilizar, pero posiblemente los contenidos de un evento te duren varios meses y con ellos podrás conseguir más visibilidad para futuros actos.

Otros canales que pueden retroalimentarse entre sí:

- Comentarios propios en otros blogs o foros convertidos en posts para tu blog corporativo. No olvides incluir el enlace al lugar original donde dejaste el comentario.

- Discusiones en las que hayas participado en LinkedIn o debates en Facebook reaprovechados en preguntas frecuentes para tu web o posts.

- Vídeos de infografías o viceversa.

Míralo desde esta perspectiva: asegúrate de que todo el tiempo que dediques a generar contenido te cunda el doble o el triple, es decir, te sirva para más de un contenido. De nuevo, la planificación es imprescindible para que este tipo de reciclaje funcione.

Caso de estudio

SSC organizará un evento para presentar su crucero. Llegado el día se asegurará de cubrir todos los formatos de los contenidos para poder aprovecharlos en el futuro: grabarán la presentación y contratarán un fotógrafo para la rueda de prensa. Además, cada crucero será un evento en sí mismo pero, al menos el primero, lo cubrirán con especial cariño.

Reciclaje según la temporalidad

Como en los casos anteriores, el éxito de esta estrategia dependerá del éxito de los contenidos. La base, por tanto, es encontrar buen material antiguo, quizá de un año o dos, y tratar de darle un enfoque actual añadiendo enlaces a contenido nuevo, tanto propio como de otras fuentes, o párrafos que describan algo que no se tuvo en cuenta en el momento de redactarlo. Si anteriormente lo has planificado, será más fácil, por ejemplo, hacer un post que revise aquellas tendencias que marcaste el año pasado para ver si se han cumplido o no.

Otra opción para volver a revivir contenido antiguo pero que sigue teniendo vigencia es tratarlo como nuevo e incorporar palabras clave que lo posicionen mejor en buscadores o volver a promocionarlo en medios sociales.

Hay herramientas como MeetEdgar o SmarterQueue que permiten crear una biblioteca de contenidos para ser compartidos automáticamente en redes sociales. Es una manera de promoción ideal para posts atemporales: se redactan variaciones del texto que acompaña el enlace (diferentes titulares y llamadas a la acción relacionadas) y se programan cada cuántos días han de publicarse en cada red.

Caso de estudio

SSC reciclará contenido antiguos recuperando tuits tipo "¿Sabías que…?" para volver a utilizarlos entre los diferentes canales. También reciclará posts atemporales de manera que cada semana promocionará en redes sociales algún post escrito hace 1 año por esas fechas.

7. Publicando contenidos

Ha llegado el momento de publicar. Ya has decidido dónde, cuándo publicarás (calendario editorial), el qué y el cómo (línea editorial). Cuando publicas una página web, un post, un tuit, un vídeo, una imagen o una actualización social será cuando el contenido se mezcle con el continente y se convierta en algo visible para la audiencia. De hecho, esa es una forma de definir contenido: lo que queda cuando se le quita el soporte que lo contiene (continente).

A lo largo del libro hemos ido viendo momentos en los que el diseño o la programación se relacionaban y cómo estos factores influyen en el éxito o fracaso de un contenido:

- **Tipografía**: que el texto sea legible en cuanto a tamaño y cuerpo.

- **Colores**: que el contraste entre fondo y texto sea suficiente para leer pero también para destacar enlaces.

- **Diseño**: que haya suficientes espacios en blanco para dejar descansar la vista entre párrafos y en la página en general.

- **Imágenes**: cabeceras y fotos que sirvan de soporte o complemento, no de sobrecarga al texto.

- **Lenguaje de programación**: que el texto sea indexable por buscadores y que el mantenimiento sea sencillo.

Por esto es recomendable que alguien responsable de contenidos, esté implicado en el diseño y programación de la plataforma principal de publicación de contenidos, para así influir en más cuestiones como:

- **Tipos de formatos**: qué se puede publicar y qué no.

- **Facilidad de publicación**: qué procesos internos (validaciones) o externos seguirá el contenido hasta que se publique.

- **Optimización de los contenidos**: integraciones para trabajar el SEO y los medios sociales.

Los contenidos web pueden ayudar, junto con el diseño y la programación, a mejorar la usabilidad, arquitectura de la información o la accesibilidad de una página corporativa (tienes más información sobre estos conceptos en el "Informe APEI sobre usabilidad" que encontrarás en NoSoloUsabilidad.com). El microcopy o las etiquetas de los menús, por ejemplo, son elementos textuales que complementan aspectos técnicos para mejorar la experiencia del usuario en tu web con un diseño centrado en el usuario, igual que el texto debe enfocarse en las necesidades de tu buyer persona. Los contenidos son responsabilidad de toda la empresa.

Cómo implementar una estrategia

Si bien es cierto que no hay que esperar a tener todos los contenidos 100% perfectos para publicarlos, sí que es necesaria una cierta calma para asegurar que en cada fase de la estrategia ayudan a conseguir los resultados esperados. Llega el momento de la ejecución, de ponerse en marcha de verdad.

Para los que la han diseñado, la implementación de una estrategia de marketing de contenidos, es el feliz momento en que se convierte en realidad porque se pasa de la teoría a la práctica. Para los que tienen que hacerse cargo de ella sin haber participado en su creación, puede ser una obligación y acabarán poniendo en peligro los resultados.

El tamaño de la empresa influye en los pasos de creación de la estrategia pero seguramente ésta sea la etapa donde más importancia tiene. Hay que adaptar las necesidades a la realidad: una pyme no tendrá los mismos recursos que una multinacional. Pero un pequeño matiz para no desanimarte: no significa que no puedas hacer lo mismo, simplemente que no lo podrás hacer de la misma manera.

Igual que en cualquier otra estrategia, la implementación depende de la asignación de recursos económicos y humanos, sin olvidar que hay un componente tecnológico que puede influir en cierta medida en ellos.

Cuando los recursos económicos y humanos se asocian es cuando hay que responder a tres preguntas básicas para ponerse en marcha:

- ¿Quién se hará cargo de los contenidos dentro de la empresa?

- ¿Esa persona tiene el tiempo y los conocimientos necesarios?

- ¿Qué tareas dejará de hacer o en qué hay que formarla para pensar, escribir, publicar y promocionar contenidos?

Si no encuentras a la persona adecuada dentro de la empresa o no tienes tiempo para dedicarlo a los contenidos, puedes recurrir al reciclaje de contenidos o programar las actualizaciones aprovechando momentos más inspirados. El objetivo es aprovechar al máximo el poco que tengas porque, aunque no siempre se puede crear desde cero, sí se puede seguir aportando valor a los seguidores. Si no, siempre puedes externalizar las tareas: entonces, sube la partida económica y baja la de recursos humanos internos.

Cómo organizar internamente el trabajo con los contenidos

El tamaño y la antigüedad de una empresa influye a la hora de repartir responsabilidades entre los empleados y es habitual que en empresas de nueva creación sea el socio quien lo acabe haciendo todo. Pero, hablando de utilizar contenidos en beneficio de la empresa, las pymes no tienen nada que envidiar a las grandes empresas porque ellas tampoco tienen un departamento de contenidos.

Con suerte y según el tipo de negocio, hay alguien que ostenta el cargo de "responsable de contenidos" que engloba algunas partes de las tareas que hemos visto a lo largo de este libro y que, en resumen, escribe y publica contenidos. En el hipotético caso de que existiese un departamento dedicado a los contenidos, la división entre sus componentes sería la siguiente:

- Cargos superiores: por un lado, el responsable de contenidos

(Chief Content Office o CCO) que dependería o también podría ser el responsable de marketing y, por otro, quien diseña la estrategia (content strategist) que la mayoría de las veces también es el propio CCO. Es una persona con perfil directivo que también se encarga de analizar los resultados y realizar los cambios estructurales para mejorarlos.

- Mando intermedio: el editor es quien supervisa los contenidos y, por tanto, quien se encarga de componer y coordinar el equipo para ejecutar la estrategia marcada por su superior, por eso algunas veces también comparte algunas tareas: como la auditoría y el reciclaje de contenidos. Es un cargo heredado del periodismo, cercano al redactor jefe que reparte los temas entre el equipo.

- Perfiles técnicos: los que se ensucian realmente las manos son el redactor y el curator, es decir, los que escriben y buscan los contenidos más apropiados para publicar.

- Personal auxiliar o de apoyo: todas las personas relacionadas con la maquetación de contenidos como diseñadores o fotógrafos y con la creación más técnica como editores de sonido o vídeo; también para su promoción como el community manager. Todos ellos no necesariamente forman parte de este departamento porque pueden estar en otros o ser externos porque no hay suficiente volumen de trabajo para incorporarlos.

Gráficamente, un departamento de contenidos tendría la siguiente jerarquía:

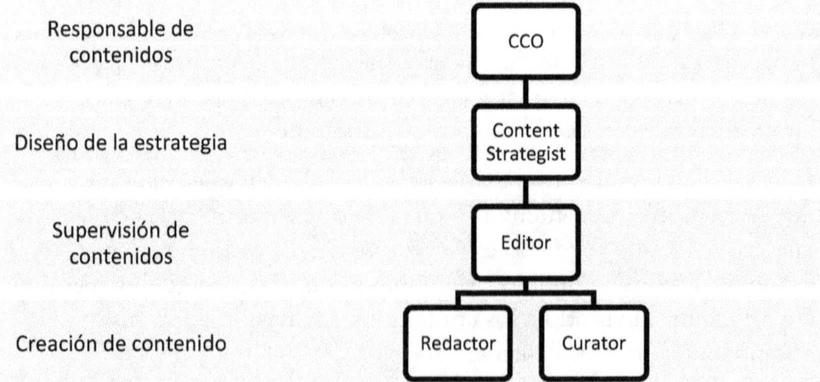

Figura 4: Jerarquía de un departamento de contenidos. Fuente: la autora.

Crear un departamento de estas dimensiones en algunas empresas es impensable, pero tampoco hay que ponerse en el extremo contrario y pensar que los contenidos tengan que depender de un único cargo. Limitar la responsabilidad de los contenidos a una sola persona es un enfoque equivocado que frena a las empresas a ponerse en marcha. Un ejemplo aplicable al hablar de calendario editorial: si encuentras a tres personas más que estén dispuestas a comprometerse a escribir una única vez al mes, tendrás fácilmente un post a la semana para mantener tu blog.

Si aún así no tienes suficientes recursos, ya sea por cuestiones de tiempo o de conocimiento, externalizar puede ser la solución para cualquiera de las fases y tareas que necesites: no estás solo ante el peligro.

Cada empresa tiene un flujo diferente de creación de contenidos. El tamaño influye en el total de personas implicadas y, por tanto, de las validaciones previas antes de que el usuario pueda ver finalmente el contenido. También este proceso interno y externo varía según el contenido: un tuit seguramente necesitará menos tiempo que un vídeo o un ebook. Como parte de la implementación, también debes tener en cuenta:

- ¿Cuántas personas estarán implicadas dentro de la empresa?

- ¿Quién se relacionará con los proveedores externos?

- ¿Quién revisará el trabajo externo?

- ¿Quién validará el trabajo interno?

- ¿Quién tomará la decisión final?

Algunos gestores de contenidos (CMS) pueden ayudarte a que este proceso sea más fácil, pero es el calendario editorial el que deberá reflejar las tareas de todas las personas implicadas, para asegurar que los plazos se cumplen. La jerarquía resultante también puede incluirse como anexo en la Guía de estilo; de manera que se pueda contactar con la persona responsable de las fases previas a la publicación.

No obstante y precisamente porque cada empresa es diferente en cuanto a recursos, es mejor pensar en tareas concretas que preocuparse por el cargo que darle a esa persona "responsable de los contenidos" porque, siendo realistas, solo es un nombre en una tarjeta de visita.

Determinar las tareas necesarias para mantener con vida el contenido es fácil si piensas en los momentos por los que ha pasado o pasará tu empresa a la hora de enfrentarse al contenido:

- Cuando se detecta que los contenidos pueden ser útiles, es decir, cuando se conceptualiza la estrategia.

- Cuando se crea y publica ese contenido.

- Cuando se da a conocer a la audiencia para la que fue creado.

Cada empresa lo hará de manera diferente en función de las características de su equipo y se centrará en un aspecto u otro. Algunos ejemplos para cada caso:

- Considerando la necesidad de contenido, es decir, la conceptualización, Rahel Anne Bailie diría que hay cuatro fases o tareas: analizar, recopilar, gestionar y publicar. Casi parece que se olvida de la creación, ¿no?

- La consultora Edelman hace todo lo contrario ya que su acercamiento al contenido es mucho más editorial: lluvia de ideas, redacción, revisión, publicación y medición. Las tareas y los perfiles que se asocian a ellos son más bien periodísticos.

- Arnie Kuenn en "Accelerate!" (2011) también se preocupa por evaluar los contenidos pero su ciclo de vida incluye más pasos para la promoción: estrategia, investigación, creación, optimización, promoción, distribución, link building y medición. Tareas muy diferentes que requerirían de personas con habilidades diferentes.

Con tantas posibilidades en cuanto a perfiles y tareas, es importante determinar las personas que las desarrollarán pero también vigilar que no se solapen con las de otros departamentos. Por eso un mando superior, posiblemente el director de marketing como responsable de la estrategia general, debe tener una visión global de los contenidos en relación al resto de la empresa.

Las personas que trabajan con contenidos no son nuevas: el periodista lleva siglos escribiendo, lo mismo que el publicista vendiendo. Pero, de nuevo, se añaden aspectos que anteriormente no se contemplaban, ya sea para ampliar o para reducir tareas o funciones.

En mi libro "Cultura del contenido" tienes más detalles sobre el departamento de contenidos y su organización interna.

8. Optimizando y promocionando contenidos

La promoción de contenidos es casi el último paso de la estrategia de marketing de contenidos. De hecho, entran en juego otras acciones de marketing así que cómo se darán a conocer los contenidos no siempre está considerado en la propia estrategia de marketing de contenidos. Pero no hay que cruzarse de brazos después de haber creado y publicado un contenido. Con el esfuerzo que supone, tienes que asegurarte, que finalmente, llega a tu público.

Las formas de promoción de contenidos más directas son los buscadores y los medios sociales. Según el presupuesto que tengas y tu capacidad para animar a los usuarios a colaborar, también puedes considerar pagar por publicidad directa o indirecta si buscas a alguien que hable de ti.

En buscadores: SEO

La optimización para buscadores es el mejor amigo del redactor y viceversa, porque el uno sin el otro se quedarían casi sin trabajo. Si un post no se encuentra en buscadores, y no se ha promocionado de ninguna otra forma, es como si no existiese. Por eso, uno de los pasos previos a la publicación de cualquier contenido, tanto la web corporativa como de medios sociales, es asegurarse de trabajar para que los buscadores lo posicionen mejor, es decir, que el contenido esté optimizado. Aunque también es posible hacerlo a la inversa: tener todo el contenido publicado y, a posteriori, optimizarlo.

Por esto pueden encontrarse redactores, profesionales en SEO y, mezclando las dos tareas, redactores SEO. Para ellos, la lista de palabras clave (o keywords) es imprescindible para hacer su trabajo. La diferencia entre estos perfiles consiste en que los profesionales del SEO crean la lista (estudiando tendencias de búsqueda y a la competencia de la empresa, entre otros factores) y realizan más acciones que no veremos por no ser este un libro dedicado a la optimización para buscadores; mientras que los redactores SEO se centran en escribir en base a las palabras dadas, sabiendo dónde situarlas para optimizar el texto.

Cómo optimizar contenidos para buscadores

Google tiene su PageRank y Facebook su EdgeRank, es decir, cada plataforma tiene su propio algoritmo para situar unas páginas y no otras entre los primeros resultados de búsqueda (o SERP). Todas las variables que los componen no son del todo conocidas, aunque algunas sí se ha demostrado que influye en el posicionamiento.

Para empezar, hay que distinguir entre el SEO on page y el off page: el primero es asegurar que la página es encontrable por buscadores, lo que incluye desde que el contenido esté bien indexado a que tenga ciertas palabras clave, es decir, depende de las acciones de la propia empresa; el segundo tiene que ver con conseguir que otras páginas enlacen a la web, es decir, depende de lo que otros hagan, aunque hay algunas formas de incentivar los enlaces.

Las técnicas de link building (como publicar artículos y notas de prensa con enlaces, registro de la página en directorios y foros o los intercambios de enlaces con unas determinadas características) son las que realizan los profesionales del SEO para obtener esos enlaces entrantes (o backlinks) a la web que se quiere posicionar. Google considera que si una página concreta (además de la principal, también un post o una landing page) recibe enlaces de páginas relevantes significa que su contenido es de calidad y la posiciona mejor.

El trabajo de los redactores es más cercano al link baiting. Esta técnica de SEO consiste en publicar contenido tan interesante que los usuarios lo quieran enlazar y compartir, casi sin pedírselo. Esto es más difícil de conseguir en páginas web pero es el objetivo de un redactor SEO cuando piensa en nuevos temas para el blog: controversias, exclusivas, rankings, selección o listas de algo muy buscado…

Dentro de la propia página, el webmaster ha de intervenir para asegurar que la web es una plataforma de publicación que desde el punto de vista de programación es indexable, siguiendo las indicaciones del profesional SEO. Crear archivos sitemap.xml, robots.txt o que la URL sea SEO friendly, no entra dentro de las competencias del redactor SEO, pero sí pueden serlo otros contenidos que el usuario no ve directamente pero que afectan al posicionamiento aunque sea mínimamente, como los metadatos de las páginas (descripción y palabras clave).

A la hora de escribir, hay diversos lugares donde distribuir las palabras clave que quieras posicionar:

- Título de la página: tanto lo que aparece en la barra de título del navegador (etiqueta <title> en HTML), como en la propia página (etiqueta <h1>).

- Cabeceras: deberían incluirse varios niveles de lectura en la estructura de la página, equivalentes a subtítulos (<h2> y <h3>).

- Imágenes: tanto nombres de los archivos, como sus títulos alternativos pensando en la accesibilidad (<alt> y <title>).

- Primera frase del primer párrafo.

También el formato pone su granito de arena al posicionamiento cuando las palabras clave están en escritas en negrita. Además, Google considera que se mejora el contenido de la página si se incluyen enlaces a páginas con PageRank alto (medios digitales y páginas como Wikipedia) y, por otro lado, añadir enlaces internos también puede ayudar.

La repetición de palabras clave (densidad) ha sido la base del SEO durante muchos años, lo que resulta en que los textos cortos son difíciles de posicionar: entre 300 o 400 palabras sería aceptable para considerar que se trata con mínima profundidad un tema. Una interpretación del algoritmo es que, si se utiliza mucho una palabra, es porque trata en profundidad ese tema y así se posiciona mejor. Google realiza cambios constantemente y esta afirmación ya no es del todo cierta. Es por eso que no hay que excederse, porque si hay demasiadas, lo podría interpretar como fraudulento y penalizar la página. Es mejor utilizar sinónimos y variantes naturales a la hora de redactar porque así también ayudamos al usuario a comprender mejor el contenido.

Aunque resulte evidente, después de todo lo que hemos dicho a lo largo del libro, el contenido que mejor posiciona los buscadores es el original. De hecho, Google penaliza el contenido duplicado y el que parece haber sido creado para ganar posiciones, en lugar de para aportar algo a las personas que buscan; es como intentar timar a los clientes del buscador. Si escribes pensando en los usuarios y les aportas valor, estos lo agradecerán con enlaces entrantes y recomendaciones en medios sociales: se optimizará solo.

En medios sociales: SMO

Aunque anteriormente hemos visto los medios sociales como canales donde publicar contenidos, ahora vamos a verlos como vía para dar a conocer otros materiales. Por ejemplo:

- Un post puede ser contenido para sugerir usos diferentes del producto estrella de la empresa, pero también para promocionar un vídeo que esté alojado en YouTube.

- Un tuit puede ser contenido para transmitir los mensajes clave de la empresa, pero también para enlazar a un post del blog.

- Una actualización de Facebook puede ser contenido para motivar la participación, pero también para llevar a la descarga de un ebook alojado en una web corporativa.

- Una story en Instagram puede ser un bucle divertido que para entretener a los seguidores, pero también permite enlazar a una página de compra.

- Una newsletter puede ser contenido para fidelizar a los usuarios con descuentos, pero también para promocionar los últimos posts del blog.

- Un white paper puede ser contenido para dar a conocer nuevos datos del sector, pero también incluir iconos donde compartir citas en Twitter o su enlace de descarga en Facebook.

Siguiendo la recomendación de Adam Singer, primero has de publicar el contenido en tu web y después utilizar otros medios para darlo a conocer. Es decir, ver los medios sociales como una forma de promoción de ese contenido, no solo como plataforma de publicación y distribución.

Cómo optimizar contenidos para medios sociales

Al igual que en buscadores, la optimización para medios sociales (SMO) debe hacerse desde dos perspectivas:

- Conseguir que lo encuentren: equivalente al SEO on page, es decir, optimizar los contenidos sociales dentro del propio canal corporativo.

- Facilitar que lo compartan: equivalente al SEO off page, es decir, conseguir enlaces entrantes fuera del entorno corporativo.

Igual que has optimizado los contenidos de la página web para posicionarla mejor y que te encuentren en buscadores (tanto generales como los internos de las plataformas), puedes hacerlo con el resto de canales fijándote en las palabras clave que quieras tratar:

- **Blog**: vigilar la densidad de palabras clave en el título de los posts y en los párrafos. En este sentido, cada post debería considerarse igual que una página de la web.

- **Twitter**: utilizar hashtags generales, pero sin abusar de ellos porque con dos por tuit es suficiente. Es la forma de incluir las palabras clave que no encajan con el texto del propio tuit, pero que resumen tu contenido.

- **Facebook**: la información de la página y donde se describen los servicios son lugares donde colocar las palabras clave deseadas. También puedes usar hashtags, aunque su uso aquí sigue sin extenderse tanto como en otras redes.

- **Instagram**: utilizar hashtags relacionados con el contenido, además de incluir las etiquetas de geolocalización y de los usuarios que aparecen en la imagen o vídeo.

- **YouTube, Flickr** y otros canales repositorio: el título, las etiquetas y las descripciones son los tres lugares donde introducir palabras clave.

Dos características que comparten canales como Facebook, Twitter, Instagram, blogs, newsletters y que influyen a la hora de facilitar que el contenido se encuentre más fácilmente: su saturación y rapidez de consumo.

El usuario tiene muchas cosas que leer y tu actualización puede pasar desapercibida entre otros cientos, ya sean de sus contactos o de otras empresas. Además de tratar que el usuario te encuentre en el momento que publiques, también tienes que considerar la hora de publicación para conseguir más visibilidad, como ya vimos al tratar el calendario editorial. En cuanto al factor off page, es decir, facilitar que tus contenidos se compartan, es en realidad tarea del responsable de medios sociales de la empresa, no de la persona que los piensa, escribe y publica. El community manager sería el perfil dinamizador de los contenidos o, en otras palabras, quien tendría que motivar a los usuarios a participar e interactuar con la marca, comentando y compartiendo los contenidos. No obstante, en ocasiones la publicación en medios sociales lleva al redactor a mantener también esos canales, o al revés, al community a escribir en otros diferentes.

Cuando no hay alguien que motive a los usuarios a compartir, el diseño y programación de la página (tarea por tanto cercana a la de webmaster) debe ponérselo fácil mediante referencias visuales (botones, iconos, banners…) o textuales ("síguenos en…", consideradas copy corporativo al ser llamadas a la acción). Además, puedes diseñar botones sociales expresamente para el interior de un documento en PDF o incluirlos mediante plugins en cualquier rincón de la web:

- En la página principal para que sigan la cuenta corporativa.

- En páginas interiores para que compartan una página concreta (típicamente productos).

- En la página de confirmación de compra, si es una tienda online; de suscripción de la newsletter, si se tiene; o de descarga de documentos, si se ofrecen.

Tal y como dice José Carlos León en "Gurú lo serás tú" (2011), los medios sociales son la venganza del copy porque, sin contenidos, los usuarios no regresarán.

Publicidad y RRPP

Con presupuesto y siempre que el contenido lo merezca, una campaña de publicidad puede ayudarte a conseguir visualizaciones de un vídeo o direcciones de correo, por ejemplo. Cualquier medio online te serviría igual que el mundo offline y la publicidad en medios tradicionales, pero ten presente que podrías estar alejándote del marketing de contenidos. No es malo compaginar las dos cosas, pero recuerda que el usuario no siempre tolera que le acosen con anuncios.

En su guía para principiantes, Kissmetrics hace una comparación entre el marketing de contenidos y la publicidad. La principal diferencia es que el marketing de contenidos sí ofrece valor al usuario y éste puede consumirlo sin obligarle a hacerlo mediante constantes interrupciones. Pero hay más características beneficiosas en el uso de contenidos como:

- **Educa al usuario**: favorece la comprensión del futuro comprador acerca del trabajo que hay detrás de la empresa.

- **Crea sentimiento de reciprocidad**: después de recibir algo de valor gratuitamente, la imagen de la empresa mejora.

- **Bajo coste**: en cuanto a la distribución, la creación sigue teniendo algo de coste si se calcula el tiempo de dedicación, pero es muy inferior en comparación con la publicidad.

- **Es compartible, indexable y posicionable** en buscadores para atraer tráfico.

Dados los costes, invertir dinero en una campaña publicitaria no es una opción muy común y suele utilizarse únicamente en formatos extensos que garanticen un retorno en forma de contactos. Sería el caso de ebooks o white papers y webinars porque pueden descargarse o registrarse a cambio del email. Pero no hay que olvidar que, después de conseguir lo que el usuario quiere, puede darse de baja, así que el retorno no siempre está garantizado.

Cualquier formato publicitario que se utilizaría para dar a conocer una web, un concurso o una oferta, sirve para dar a conocer un contenido concreto:

- Banners en medios, portales y blogs que acepten patrocinio.

- Envíos por correo electrónico, tanto a listas propias como a alquiladas.

- Anuncios patrocinados en Google (AdWords) o bien en su red (AdSense). En éste caso, además, se pueden utilizar banners o vídeos para YouTube, no solo anuncios de texto.

- Anuncios sociales en Facebook y en Instagram, ya sean a

contenido de su página de fans o a externo.

- Tuits, tendencias y hashtags promocionados en Twitter.

Mucho más cara resulta la publicidad en medios tradicionales como prensa, radio o televisión y, por eso, es impensable anunciar contenidos por esta vía; aunque sí puedan verse anuncios de empresas que operan únicamente online, como forma general de darse a conocer.

Otra opción para conseguir visibilidad en nuestros contenidos sin pagar son las RRPP, tanto tradicionales con medios offline como las llamadas 2.0. Tienes mucha más información sobre este concepto en "Relaciones públicas 2.0" de Cristina Aced (ed. UOC, 2018).

Heidi Cohen ha comparado las relaciones públicas y el marketing de contenidos:

- Ambos tienen la misma audiencia final, es decir, clientes, empleados, público en general.

- El marketing de contenidos explica historias humanas, mientras que las RRPP las cuenta en forma de noticias.

- En las RRPP se asocia la marca al medio, así que la reputación de éste ha de ser coherente, pero en el marketing de contenidos da vida a la marca directamente.

- El marketing de contenidos puede utilizar cualquier plataforma, pero las RRPP dependen del medio contactado.

- Dentro del ciclo de compra, las RRPP dan visibilidad, mientras que el marketing de contenidos sirve para cualquier fase.

- Las RRPP solo tienen impacto directo en el SEO si se incluyen enlaces, al contrario que el marketing de contenidos que siempre es útil.

Hay más diferencias que similitudes pero, precisamente porque tienen en común el mismo público objetivo, ambas tácticas se complementan y ambos responsables tienen que estar coordinados dentro de una estrategia mayor que sirva a los objetivos de la empresa, sea de marketing o de comunicación.

Una vez más, los formatos atemporales justifican la creación de una nota de prensa y su distribución en prensa. Más habitual es ponerse en contacto con bloggers para enviarles un vídeo, infografías o el avance exclusivo de un ebook, para que lo comenten a tiempo para su lanzamiento. O también en Twitter se puede pedir que los usuarios publiquen un tuit para poder descargarlo gratuitamente con Pay with a tweet. Son formas de ganar visibilidad en medios, pidiendo la contribución de terceras personas.

9. Traduciendo y localizando contenidos

Para adecuar el contenido al perfil de tu usuario, es imprescindible que hables no solo su lenguaje, también su mismo idioma. Por eso, en empresas internacionales o países en los que se habla más de una lengua es frecuente ver páginas en varios idiomas. Por supuesto, está descartada la automatización de Google. Para entender el significado de un texto, se requiere algo más que un algoritmo. Es recomendable recurrir al servicio de traductores profesionales que, además de traducir, pueden localizar el contenido.

Una traducción literal de textos es la opción más utilizada por ser la más fácil, pero no es la más adecuada pensando en el usuario. No basta con cambiar dólares a euros en la página de precios como, por ejemplo, se haría en una traducción. Una localización de contenidos, en cambio, permite acercarse al usuario con su forma de hablar (expresiones, juegos de palabras, argot...) para despertar el interés con sus propias palabras, ser cómplices de su lengua. Por esto, en muchas ocasiones, conviene redactar textos para cada país en lugar de utilizar un idioma de base y traducirlo más o menos literalmente. Resulta más caro pero también ofrece mejores resultados.

Hay quien, para evitar este tipo de gasto, prefiere decantarse por el llamado castellano neutro, aceptado por personas de España y de cualquier país de Latinoamérica. Es una solución, pero podría dar la sensación que no se está suficiente comprometido con el país, si el cliente encuentra alguna palabra, aunque entendible, fuera de lugar.

Por otra parte, la decisión de traducir los contenidos afecta a todos los canales, no solo a la web corporativa. En el momento de definir la estrategia es cuando has de decidir el idioma de los contenidos y, por tanto, si serán necesarios o no varios canales para cubrirlos:

- Hacer un blog en varios idiomas multiplica el esfuerzo por tantas veces como idiomas se quiera, pero es la mejor forma de asegurarse que se lee. Sería la opción más lógica si tienes la web en varios idiomas; pero la más fácil para evitar sobrecargar de recursos sería intercalar idiomas y ofrecer posts específicos completos y resúmenes de los menos estratégicos. En el caso de mezclar idiomas, puedes añadirlos a una categoría específica y permitir que los usuarios se suscriban al feed de ese idioma en lugar de a todo el blog.

- Facebook permite personalizar las actualizaciones y dirigirlas a los usuarios que están utilizando la plataforma en un idioma concreto. Si se hace de esta manera, no es necesario tener varias páginas para cada país, ni publicar en la misma actualización el mismo contenido en varios idiomas.

- Twitter no admite segmentación del mensaje por lo que, si consideras relevante diferentes país, deberías crear tantas cuentas como idiomas vayas a utilizar.

- Instagram tampoco permite elegir el idioma, por lo que puedes crear diferentes cuentas o publicar el mensaje en varios idiomas utilizando algún separador visual entre ellos.

- Newsletters y documentos en PDF deberán estar también en el idioma del usuario, así como las landing page de descarga. Considera incluir al inicio un extracto en castellano, inglés o en el idioma principal de la empresa así como un post que lo resuma para asegurarte que no pierdes lectores.

Independientemente del idioma en el que publiques, por cortesía, debes responder a los usuarios en el que ellos utilicen o dirigirlos a las personas que pueden atenderlos correctamente.

Caso de estudio

SSC ha elegido el esperanto como idioma básico, por ser el que la mayoría de sus clientes entiende. Es el que utilizara en todos sus contenidos, incluyendo de forma general los medios sociales.

No obstante, en la fase 2, ampliará la web con páginas específicas en los idiomas de sus principales proveedores para que éstos tengan a su disposición contenidos comerciales. También les invitará a que escriban en su propio idioma en el blog corporativo para así atraer a clientes potenciales, siempre con un pequeño resumen previo en esperanto.

10. Midiendo los resultados de los contenidos

Una estrategia de marketing de contenidos sencilla terminaría con la publicación; una más ambiciosa con la promoción. Pero aún puedes realizar una estrategia más completa, cubriendo un aspecto tan importante desde el punto de vista empresarial como es la evaluación del resultado para saber si el esfuerzo realizado ha valido la pena.

La medición puede hacerse en base a un aspecto concreto de la estrategia, como puede ser la elección del canal, o toda ella en general para ver si has conseguido tus objetivos. Pero estos indicadores solo tienen sentido si se relaciona la parte cuantitativa (acceso, consumo y social) con la cualitativa (datos del negocio). En este sentido, Jay Baer en su presentación "A Field Guide to the Four Types of Content Marketing Metrics" organiza las métricas en cuatro: consumo, compartidos, generación de leads y ventas.

Algunas métricas que puedes incluir en tu informe de resultados:

- **Consumo:**
    - o Cuantitativa: número de lecturas de un post, de descargas de un documento, de visualizaciones de un vídeo…
    - o Cualitativa: número de personas que han hecho algo con ese contenido después de consumirlo, como enviar un formulario de contacto, comentar, comprar o compartirlo para darlo a conocer.

- **Efectividad:**
  - o Cuantitativa: tráfico de la web, nuevos usuarios/usuarios repetidos, tasa de rebote, número de visitas a la página de promoción de un ebook…
  - o Cualitativa: número de visitas (personas impactadas) > número de leads (personas convencidas) > número de ventas (personas que han comprado online).

- **Alcance:**
  - o Cuantitativa: palabras clave utilizadas en buscadores, páginas de referencia que sean de medios, directorios, redes sociales, proveedores, intermediarios…
  - o Cualitativa: enlaces entrantes que generan más visitas, leads y ventas.

- **Engagement:**
  - o Cuantitativa: páginas con más visitas, páginas vistas/tiempo de estancia.
  - o Cualitativa: recomendaciones que convierten, clientes que repiten.

Hay que ser conscientes de que cualquiera de estos números puede interpretarse desde diferentes puntos de vista. Por ejemplo, si se utilizan en un plan de medios sociales, el número de seguidores en los diferentes canales y de interacciones con ellos (comentarios, menciones, compartidos, "Me gusta", retuits…), serán las métricas que demostrarán si las acciones llevadas a cabo funcionan. Pero, pensando solo en contenidos, pueden ser indicadores sobre si aciertas con lo que el usuario prefiere que le cuentes. Otro ejemplo sería el email marketing: el ratio de aperturas y clics (CTR) dependerá tanto de la redacción como de los enlaces que incluyas.

Y es que cada estrategia puede utilizar las mismas métricas en su beneficio. Por ejemplo, un post con muchas visitas, ¿se debe a que está bien posicionado, a que se ha promocionado bien en medios sociales o a que el contenido es el adecuado? Seguramente, una mezcla de las tres sería lo ideal, aunque no siempre se puede ser tan equitativo en el reparto, además muchas veces el responsable interno de la creación, optimización y promoción es la misma persona.

> Puedes descargar gratuitamente el ebook en PDF "Vademécum de contenidos: Medición de contenidos en redes sociales" desde la página del libro.

Por otro lado, la calidad podría ser una manera de valorarlos. En este caso, la primera pregunta que tienes que hacerte es: ¿qué consideras como "contenido de calidad"? ¿Dónde está la diferencia entre lo que es buen y mal contenido? Hablar de cantidad de contenidos suele ser fácil: tantas palabras, tantos posts, tantas descargas, tantas visitas… Pero valorar el contenido es algo subjetivo que depende de la persona que lo recibe, no todos apreciarán igual la calidad y para lo que uno es bueno a otro no le gustará tanto. Crear una escala del 1 al 10 o un porcentaje que mida la calidad no es fácil pero sí que se pueden tener en cuenta algunos parámetros como pueden ser si el lenguaje utilizado se adecua al perfil del destinatario o la utilidad del tema para esa audiencia.

Es por esto que el contenido de calidad tiene dos características que no pueden obviarse: está pensado para una audiencia específica y tiene un objetivo concreto. No vale con publicar cualquier cosa que guste a mucha gente, se trata de buscar tráfico de calidad: ha de ser contenido que sea interesante para el tipo de usuarios que deseas convertir a compradores. Si quieres que el ciclo de venta se complete, has de utilizar contenido de calidad pensado únicamente para ellos. El tráfico por el tráfico puede hacer más popular una página, pero no necesariamente la hará ganar más clientes. La calidad lleva más trabajo pero también más recompensas.

Un resumen de qué es buen contenido lo dan en SEOmoz:

- **Tiene credibilidad**: mejor escribir sobre algo de lo que se tiene experiencia.

- **Requiere un esfuerzo**: escribir lleva tiempo.

- **Es útil**: será recordado si los usuarios se llevan algo después de leerlo.

- **Se hace compartir**: será digno de ser compartido y quien lo reciba verá su valor.

Siendo realistas, no es que abunde el buen contenido. Gerry McGovern en "Killer Web Content" (ed. A&C Black, 2006) lo contabiliza en únicamente el 10% del total que se publica en internet y compara el contenido que es para rellenar (filler) con el que realmente es de valor (killer). Crear contenido de calidad siempre requiere mucho esfuerzo pero es posible si se mezclan todos los tipos que hemos visto para darle a la audiencia lo que quiere. Habrá más probabilidades de éxito si usas contenido matador que de relleno.

Utilizando datos de analítica web para ver el comportamiento del usuario en tu web puedes sacar algunas conclusiones en esa línea:

- **¿Son contenidos adecuados para el usuario?** Para saber si una página contiene la información que el usuario necesita, fíjate en la tasa de rebote, en el número de páginas vistas por visita y en las palabras clave, para conocer la expresión con la que han encontrado la página que buscaban. De esta manera, podrás corregir contenidos.

- **¿Representan a la marca?** Para saber si el posicionamiento de la empresa se refleja en los contenidos, mira las palabras clave que utilizan los usuarios para llegar a la web y, en caso de tenerlo, las que introducen en el buscador interno.

- **¿Funcionan las llamadas a la acción?** Para saber si has persuadido al usuario lo suficiente, etiqueta los enlaces internos para descubrir si hacen clic en banners o textos que piden una acción a los usuarios.

También has de plantearte las preguntas que, más que ayudarte a mejorar los contenidos, te harán ver si la estrategia funciona:

- ¿Los objetivos eran realistas?

- ¿Conocías suficientemente bien los intereses de tu público objetivo?

- ¿Los mensajes eran relevantes?

- ¿Los canales eran los adecuados?

- ¿Has presionado mucho o poco a tu público?

Cada pregunta corresponde a algunas de las fases que hemos ido viendo y todas son importantes, pero quizá la última le permitirá demostrar si entiendes en qué consiste el marketing de contenidos.

Cómo medir el retorno de la inversión

Coincidiendo con Robert Rose en "Managing Content Marketing" (ed. CMI Books, 2011), para saber cómo resultan tus contenidos, no deberías utilizar la fórmula tradicional del retorno de la inversión que sí funciona en otras estrategias de marketing como pueden ser los anuncios de AdWords.

Calcular la inversión es fácil, si sumas el coste interno o externo de crear y mantener el contenido. Por ejemplo, tienes un equipo editorial de entre una y tres personas que se reparten las tareas básicas de conceptualización de la estrategia, redacción, publicación, promoción y análisis de los contenidos. A estos sueldos (completos o proporcionales) o facturas si son externos, se podría añadir el uso de alguna plataforma para gestión, distribución (mayor coste si es offline) o alojamiento web de los contenidos (aunque es opcional porque hay muchas gratuitas o porque se tienen en cuenta en otras partidas de los presupuestos de la empresa).

La siguiente lista muestra el coste de estos canales para desterrar la idea de que en internet todo es gratis porque sí, todos tienen inicialmente coste igual a cero pero si buscas mejorar o ampliar las características básicas, tendrás que sacar la tarjeta de crédito.

- **Web corporativa**: tener una presencia básica es imprescindible así que hay que registrar un dominio y contratar un hosting. Cada año pueden ser en total unos 50€ según el proveedor y las características técnicas. Sí, también puedes evitarse el hosting con algunos servicios pero entonces necesitas conocimientos técnicos.

- **Newsletter**: para crear una newsletter profesional necesitarás un servicio de envío masivos como MailChimp o cualquier otro. Suelen ser gratuitos para listas de pocos suscriptores o para opciones básicas.

- **Blog corporativo**: WordPress es gratuito pero si quieres un diseño especial o una funcionalidad extra, puedes llegar a pagar algo por plantillas y por plugins desarrollados a medida.

- **Redes sociales**: el registro y uso es gratuito en todas, pero no así las funcionalidades adicionales, además de la publicidad. Si quieres gestionar más de un canal a la vez, puedes añadir el coste de herramientas como Hootsuite o Buffer que son gratuitas con funcionalidades limitadas, y para reciclar contenido atemporal funciona de forma similar.

- **Herramientas de content curation**: hay muchas gratuitas, la mayoría con modelo freemium que puedes necesitar para ampliar las funcionalidades.

Sumándolo todo, tanto creación como publicación, tendrás el coste de los contenidos que será más elevado según su frecuencia y volumen, al requerir más personas implicadas. Considerando este criterio, el tamaño de la empresa también influye en la inversión de contenidos; cuanto mayor sea, más necesidad tendrás de producir contenidos para tus clientes y potenciales clientes. Patrick Spenner llegó a calcular en Forbes que una empresa podría necesitar hasta 720 piezas de contenidos al año.

Calcular el retorno debería hacerse siempre desde una perspectiva de negocio: de contactos conseguidos, de oportunidades y de compras realizadas. La gran pregunta es cómo saber que esas ventas vienen por el contenido y no por otras a acciones, como pueden ser anuncios o eventos offline. La respuesta más sencilla es intentar hacer un seguimiento del origen de las compras: pregunta al usuario cómo te ha conocido, incluye objetivos de ventas en las estadísticas de la web, promociona un único producto en el blog durante un mes, utiliza cupones con códigos en ebooks…

Por otro lado, no hay que olvidar los objetivos planteados al inicio de su estrategia, también pueden valerse de la analítica web:

- Si quieres mejorar el posicionamiento en buscadores, repasa las posiciones en Google, pero también cuántas ventas vienen a través de buscadores como página de referencia.

- Si quieres aumentar ventas, repasa el número de contactos (leads) que vienen por los contenidos, como puede ser un post, un ebook o una página de Facebook.

- Si quieres fidelizar a los usuarios, repasa cuántos nuevos clientes vienen recomendados o cuántos repiten compra en un cierto periodo de tiempo.

- Si quieres relacionarte con tus clientes o incluso ahorrar en otros canales como publicidad o servicios como call centers, fíjate en el número de participaciones, llamadas, emails recibidos…

Poner las variables de inversión y beneficios en una fórmula es complicado, porque se puede tratar de comparar intangibles como son el valor de la marca y su reputación, o utilizar número de fans como sinónimo de clientes. Así que, en el caso de los contenidos, relacionar el dinero que se invierte con el dinero que se consigue es tan difícil como incluir la variable tiempo en la fórmula del ROI: ¿cuándo empiezan a medirse los resultados de un ebook, un post o un tuit? ¿Minutos, días, meses? ¿Cuánto dura hasta llegar a impactar al usuario? El contenido atemporal dura más, así que tiene mejor ROI. Sin duda.

Una de las características del marketing de contenidos es ofrecer contenidos cuando el usuario los necesite. Pueden pasar unas horas, semanas o incluso años hasta que llega ese momento. No lo decide la empresa. Un usuario puede leer hoy un post de hace meses, apuntarse al webinar de este mes, repasar un vídeo del mes pasado o descargarse un ebook que se publicó hace medio año… Y, aun así, no ingresar ni un céntimo en la cuenta de la empresa, porque todo este contenido puede ser gratuito. Pero quizá sí lo haya recomendado a un tercero con sus interacciones y él sí haya comprado un producto o contratado algún servicio. El retorno no siempre es directo.

En medios sociales también se habla de retorno en forma de influencia, de reputación o de interés para buscar formas no económicas que rentabilizan la inversión. Y es que, como advierte Óscar del Santo en "Marketing de atracción 2.0", un usuario convertido (o persuadido) puede manifestarse de diferentes formas, no solo con la compra:

- El que pasa más tiempo en tu web.

- El que envía un formulario.

- El que se suscribe a tu newsletter.

- El que se descarga de un ebook.

- El que hace un comentario en tu blog.

- El que llama al teléfono de una campaña online.

- El que comparte en redes sociales.

- El que descarga una oferta en Facebook.

- El que participa en una encuesta en Instagram.

- El que se apunta a una oferta de empleo en LinkedIn.

Kapost y Eloqua intentaron descifrar el ROI del contenido para concluir, como dice Joe Pulizzi, que el marketing de contenidos no es una campaña, es decir, no tiene un principio y un fin que se puedan controlar fácilmente.

Caso de estudio

SSC medirá los resultados en función de lo llenos que estén los cruceros, éste es el indicador de ventas más directo. Se analizará también el recorrido del usuario por la web para saber en qué momento deja de completar el formulario, para solicitar más información y el tráfico general de la web, con la intención de conocer qué es necesario mejorar y optimizar.

En la fase 2 se prestará especial atención al origen de las reservas, para ver si la fidelización y las recomendaciones funcionan, y al tráfico que traigan los medios sociales.

En ambos casos, se llevará un registro del tiempo dedicado a los contenidos gracias al calendario editorial de manera que también podrán saber el coste interno de haberlos creado.

Epílogo a la nueva edición

En el epílogo de la primera edición me preguntaba cuánto tiempo seguiría el contenido siendo Rey. Aún hoy me lo pregunto en la segunda. Hagamos un repaso rápido. El Rey fue coronado por Bill Gates en 1996 con su artículo "Content is King". 10 años después, David Meermat Scott seguía esa línea en su libro "The New Rules of Marketing and PR" con la afirmación de que el marketing online consiste en ofrecer contenido útil al usuario en el momento en el que lo necesita. También en 2006, Joe Pulizzi empezaba a evangelizar sobre marketing de contenidos desde Junta42 y después con el Content Marketing Institute. En España, llegaron las primeras voces de que el contenido era importante allá por 2009.

Desde entonces, algunos llevamos tratando de que pymes y empresas de todos los tamaños y sectores se convenzan de ello, pero sigue habiendo diferencias. Unos creen en el marketing de contenidos, otros siguen hablando de sí mismos. Unos se preocupan de buscar nuevas formas de crear experiencias con el contenido, otros aumentan su inversión en publicidad. Unos buscan conexiones emocionales, otros hacer su logo más grande. Todo es contenido, también el promocional. Pero no es marketing de contenidos.

Queda mucho por hacer y eso que llevamos hablando del tema un cuarto de siglo. ¿Hemos avanzado? Sin duda. ¿Estamos en el mejor momento posible? Todavía no. Sigue haciendo falta que las empresas apuesten por estrategias de contenidos que creen vínculos y que no se midan con impactos. Pero les cuesta pensar a largo plazo, la prisa no se lleva bien con el marketing de contenidos. No iría mal que hubiese mejores ofertas laborales para profesionales especializados, significaría que se quieren cubrir huecos en todos los departamentos donde está claro que hace falta el buen contenido.

Si tú también lo crees, te invito a que te pases por la página del libro para encontrar, además de los enlaces que he ido recomendando, más recursos para que los contenidos te ayuden a lograr lo que te propongas: www.evasanagustin.com/marketingdecontenidos

Sobre Eva Sanagustín

Es Licenciada en Comunicación audiovisual por la Universidad Pompeu Fabra y trabaja como redactora de contenidos freelance desde 2009. Se dedica a los contenidos desde 2002, planeando estrategias de contenidos y escribiendo páginas web de empresas y también en blogs corporativos.

Es docente en másteres y postgrados, siempre explicando su experiencia en estrategia de contenidos, marketing de contenidos, content curation y redacción de contenidos. También imparte formaciones incompany a empresas que quieran aprovechar los contenidos en su estrategia de marketing o aprender a redactar en medios sociales para conseguir mayor visibilidad.

Ha publicado más de una docena de libros relacionados con los contenidos, el marketing y los medios sociales y también crea materiales docentes para cursos online.

Mantiene desde 2004 su blog personal y un parte importante de su presencia en redes sociales, así como su newsletter, se centra en dar a conocer el marketing de contenidos publicando experiencias personales y recomendaciones relevantes.

Toda su vida digital puede seguirse desde www.evasanagustin.com.

Glosario

Agregación de contenidos: recopilación de contenidos en un solo lugar siguiendo un criterio de cantidad más que de calidad. Los servicios utilizados para agregar contenidos están asociados a fuentes RSS o feeds.

AIDA: acrónimo de Atención, Interés, Deseo y Acción. Técnica de redacción orientada a la persuasión de usuarios que según esta teoría han de pasar por estas fases antes de comprar un producto o realizar una acción.

Alertas: herramienta de seguimiento que notifica al usuario la publicación de un contenido sobre la palabra clave que está monitorizando. Los servicios que las ofrecen suelen ser buscadores que alertan de un contenido indexado en su sistema.

Analítica web: disciplina que mide y analiza los datos recogidos en una página web en base al comportamiento de los usuarios en esa página. Permite saber, por ejemplo, el número de visitantes, el tiempo que han pasado en el sitio o las páginas más vistas. La herramienta más conocida es Google Analytics.

Árbol de contenidos: estructura de navegación de una página web que muestra todas sus páginas de forma jerárquica y ordenadas por secciones. Documento de uso interno que al publicarse de forma más sencilla se convierte en Mapa web.

Auditoria de contenidos: análisis cualitativo de los contenidos de que dispone una empresa.

B2B (business to business): modelo de negocio basado en el intercambio de productos y servicios entre empresa y empresa.

B2C (business to consumer): modelo de negocio basado en la venta de productos y servicios de empresa a cliente final.

Blog: medio social en el que un blogger publica contenidos de tipo personal, profesional o corporativo. Cada actualización se denomina post. Las herramientas más conocidas de publicación de blogs (CMS) son WordPress y Blogger.

Blogger: persona que actualiza un blog. Puede ser una persona o varias y hacerlo en nombre propio o de una empresa. También es el nombre del servicio de Google para crear blogs.

Blogroll: lista de enlaces que se publica en un blog para recomendar a otros blogs o fuentes de interés relacionados con el tema del blog.

Branded content: ver "Contenido de marca".

Breadcrumbs: ver "Migas de pan".

Buyer persona: ver "Perfil de la audiencia".

Calendario editorial: documento que muestra gráficamente y ordenados por fechas los contenidos que se han de publicar en uno o varios canales así como, de ser necesario, la persona que se encargará de ello.

Call to action (CTA): ver "Llamadas a la acción".

Casos de éxito o de estudio: tipo de contenido creado para explicar los beneficios de la compra o la contratación de productos o servicios en base al ejemplo concreto de un cliente. Suele acompañarse del testimonio de un representante del cliente para respaldar lo explicado por la empresa.

Chunking: técnica de redacción que consiste en trocear hasta la mínima expresión tanto párrafos como frases o palabras para mejorar su comprensión.

CMS (Content Management System): gestor de contenidos de una web que facilita la actualización de las diferentes páginas que la componen. Los más conocidos son Drupal y Joomla pero los hay específicos para blogs como puede ser WordPress o Blogger.

Contenido atemporal (evergreen content): tipo de contenido que no depende de la actualidad para ser publicado y que, por ese motivo, puede perdurar más en el tiempo.

Contenido de marca (branded content): tipo de contenido que crean las empresas aprovechando formatos de entretenimiento (vídeos, eventos y juegos) para transmitir los valores de la marca.

Contenido duplicado: tipo de contenido que resulta al repetir la publicación de una misma pieza de contenido en la misma plataforma. Cuando la duplicación la hacen otras personas se puede considerar plagio.

Contenido generado por el usuario (UGC): tipo de contenido creado y publicado por usuarios no vinculados a una empresa pero sí relacionados con ella por su temática.

Contenido reciclado: tipo de contenido que se consigue cogiendo algo propio ya existente y arreglándolo un poco o mucho para crear algo nuevo, la mayoría de las veces con tanto valor como del que parte. Ver más en "Reciclaje de contenidos".

Contenido republicado: repetición de contenido entre varios canales propios.

Contenido: todo aquello que puede ser publicado en una plataforma (continente).

Content curation: ver "Filtrado de contenidos".

Content curator: profesional que se dedica al filtrado de contenidos.

Contexto: todo lo que rodea una pieza de contenido para darle sentido.

Copy: tipo de contenido persuasivo, generalmente publicitario, utilizado para vender o promocionar un producto o servicio. Utiliza llamadas a la acción para convertir al visitante en comprador. Al perfil profesional responsable de su redacción también se le llama copy.

CTR: siglas de click-through rate o ratio de clics. Expresa el porcentaje de clics respecto al total de personas que vieron ese enlace. En newsletters, es el porcentaje de personas que clicaron un enlace respecto al total de personas que abrieron la newsletter.

DAFO: acrónimo de Debilidades, Amenazas, Fortalezas y Oportunidades. Un análisis o matriz DAFO refleja lo positivo y negativo de la situación actual de una empresa tanto desde el punto de vista interno (D y F) como externo (A y O).

Ebook: tipo de contenido destinado al público de una empresa B2C. Documento en PDF para descargar.

Edición de contenidos: revisión de un texto para mejorarlo y adecuarlo a la Guía de estilo de la empresa.

Estrategia de contenidos (content strategy): planificación de la creación, publicación y gestión del contenido dentro de la empresa.

Feed: fuente de información que permite la suscripción a los contenidos que publica un blog o una página web. Está escrito en XML, igual que una web está en HTML, y sus estándares son RSS y Atom.

Filtrado de contenidos (content curation): estrategia de contenidos que consiste en la recopilación, selección y posterior publicación de contenidos relevantes sobre un tema, aunque no sean propios.

Guest post: post escrito por una persona como firma invitada en un blog.

Guía de estilo: documento que recoge las directrices estilísticas de creación y publicación de contenidos para los empleados de una empresa.

Hashtag: palabra precedida de una almohadilla (#) mediante la cual se etiquetan actualizaciones sociales.

Hilo de Ariadna: ver "Migas de pan".

HTML: lenguaje de programación con el que están hechas las páginas web.

Inbound marketing: ver "Marketing de atracción".

Infografía: tipo de contenido visual que muestra datos estadísticos de forma gráfica.

Infoxicación: intoxicación por exceso de información. Suele darse en internet dado las múltiples fuentes disponibles y la cantidad de información que manejan los usuarios.

Inventario de contenidos: análisis cuantitativo de los contenidos de que dispone una empresa.

Keywords: ver "Palabras clave".

KISS: acrónimo de la técnica de redacción "Keep it simple, stupid" que propone crear textos lo más sencillos posibles para asegurar la comprensión por parte de todos los lectores.

Landing page: ver "Página de aterrizaje".

Lead: en el entorno de negocios, contacto interesado en los productos o servicios de una empresa. En entorno periodístico, la entradilla o primer párrafo de una noticia.

Línea editorial: enfoque temático de los contenidos que responde al posicionamiento de una empresa.

Link baiting: técnica de SEO que consiste en conseguir muchos enlaces a una página concreta.

Link building: técnica de SEO que consiste en conseguir enlaces a la web corporativa en páginas de empresas bien posicionadas en buscadores ya sea mediante su intercambio o la publicación de artículos de temática relacionada.

Llamadas a la acción: frases cortas que sirven para animar al usuario a que haga algo, normalmente en imperativo.

Localización de contenidos: adaptación del contenido al país en el que se publica, incluyendo la traducción no literal de las frases.

Mapa web: representación de los contenidos de una página web que se publica online para que los usuarios puedan localizar una sección cuando están perdidos. A menudo similar o simplificando el árbol de contenidos.

Marketing de atracción: estrategia de marketing que utiliza los contenidos (marketing de contenidos), los buscadores (marketing de buscadores) y los medios sociales (marketing en medios sociales) para atraer a los usuarios. Es la traducción más habitual de inbound marketing.

Marketing de buscadores: estrategia de marketing que busca situar una página web en las mejores posiciones de los buscadores, ya sea de forma natural u orgánica (SEO) o pagando (anuncios patrocinados).

Marketing de contenidos: estrategia que consisten en crear y distribuir contenidos valiosos para la audiencia.

Marketing en medios sociales: estrategia de marketing que utiliza los medios sociales para relacionarse con los clientes y usuarios en general.

Microcopy: texto corto que se utiliza como mensaje de apoyo a la navegación o de ayuda al rellenar un formulario.

Migas de pan: menú de una página web o blog que marca las páginas que se han visitado desde la página principal o las secciones superiores que enlazan con la ella de manera que el usuario puede regresar paso a paso hacia atrás deshaciendo su camino.

Newsletter: boletín corporativo que se envía por correo electrónico a una lista de suscriptores.

Nota de prensa: documento que distribuye una empresa entre los medios para anunciar algún hecho noticiable, como puede ser el lanzamiento de un producto, con la intención de que lo publiquen. En la cabecera consta la fecha y el lugar y en la parte final incluyen la descripción de la empresa.

Optimización de contenidos: técnica de marketing de buscadores

(SEO) que consiste en arreglar un texto para incluir las palabras clave que se desean posicionar en buscadores. También puede aplicarse a cualquier edición que busque mejorar el texto como puede ser su lectura o su dinamización en medios sociales, incluso su conversión.

Página de aterrizaje (landing page): página web a la que llega el usuario después de haber clicado en un anuncio patrocinado en buscadores o un banner, es decir, en un anuncio. Por extensión, también pueden considerarse páginas de aterrizaje a las que llegan desde una newsletter o incluso desde medios sociales.

Palabras clave: palabras importantes en una estrategia. Hablando de SEO, aquellas por las cuales quiere posicionarse una empresa; hablando de monitorización, aquellas que quiere utilizar la empresa para saber cuándo alguien publica un contenido que incluye esas palabras.

Perfil de la audiencia: retrato robot del cliente ideal de una empresa (buyer persona) o del lector de un contenido.

Pirámide invertida: técnica de redacción que consiste en situar la base de la pirámide, es decir, lo más importante de un contenido, al principio del texto.

Plain language: movimiento que promueve el uso de un lenguaje llano en la comunicación entre personas e instituciones o empresas.

Plugin: programa de fácil instalación que complementa a otro para extender tus funciones.

Podcast: tipo de contenido en formato audio que se graba para ser distribuido online.

Posicionamiento en buscadores: técnica de marketing de buscadores que busca mejorar el lugar que ocupa una página web en la página de resultados de una expresión o palabra clave concreta.

Posicionamiento: percepción mental que tiene un usuario de una empresa correspondiente al lugar que ocupa en su sector respecto a tu competencia.

Post: actualización de un blog. También se le puede llamar entrada.

Proofreading: tipo de edición de contenidos que se centra en errores ortotipográficos.

Reciclaje de contenidos: estrategia de contenidos que consiste en volver a utilizar contenidos ya publicados cambiando su formato.

Republicación de contenidos: estrategia de contenidos que consiste en volver a publicar contenidos exactamente igual que cuando fueron publicados inicialmente.

ROI: acrónimo de Retorno de la Inversión (Return of Investment). Su fórmula matemática relaciona los costes con los beneficios obtenidos.

RSS: Ver "Feed".

Screencast: tipo de contenido que resulta de capturar la pantalla del ordenador de un usuario que está haciendo una demostración, especialmente de un programa, servicio o aplicación.

SEO: ver "Posicionamiento en buscadores".

Storytelling: técnica de narración corporativa que consiste en utilizar las estructuras del cuento tradicional para explicar la historia de la empresa.

Testimonial o testimonio: declaración de un cliente alabando a una empresa, sus productos o los servicios que ha contratado.

Titular: título de una noticia, post o página web que resume el contenido de la misma. En el caso de una newsletter, su equivalente sería el campo "Asunto".

Traducción de contenidos: conversión de un texto de un idioma a otro usando las mismas palabras casi de forma literal, frase a frase.

Trending Topic (TT): tendencias en Twitter, es decir, de lo que mucha gente está hablando en ese momento resultado de que muchos tuiteros mencionen una palabra, expresión o usuario. Las empresas pueden promocionarlos publicitariamente.

Tuit: actualización de Twitter.

UGC: ver "Contenido generado por el usuario".

Webinar: tipo de contenido que simula una clase a distancia en la que el profesor comparte virtualmente la presentación con los alumnos que siguen la sesión desde sus ordenadores en casa o en el trabajo. Utiliza también la cámara y el micrófono de su ordenador para explicarla y puede responder a las dudas de los alumnos mediante un área de chat.

White paper: tipo de contenido destinado al público de una empresa B2B. Documento en PDF para descargar.

www.ingramcontent.com/pod-product-compliance
Lightning Source LLC
LaVergne TN
LVHW010340200726
843507LV00010B/1581